Círculo Rojo

El Loyola:

Relajación Laica

El Loyola:

Relajación Laica

La santidad en la vida cotidiana
Ejercicios espirituales de san Ignacio de Loyola

David Foka Kakeu Kakeu

Círculo Rojo
EDITORIAL

Primera edición: julio 2023

Depósito legal: AL 1611-2023

ISBN: 978-84-1189-265-0

Impresión y producción: Editorial Círculo Rojo

© Del texto: David Foka Kakeu Kakeu
© Maquetación y diseño: Equipo de Editorial Círculo Rojo

Editorial Círculo Rojo

www.editorialcirculorojo.com

info@editorialcirculorojo.com

Impreso en España - Printed in Spain

Es necesario que los cristianos prediquemos sobre la vida, no sobre la muerte; ya que nuestro Señor venció dicha muerte.

Esparcir la esperanza, no el temor; ya que el Señor no temió nada.

Cultivar en común la alegría, verdadero tesoro humano; ya que su única ley es Amor.

Este es el secreto de los ejercicios ignacianos y será la luz del mañana.

A la imagen de sus ilustres antecesores, san Ignacio de Loyola propone despertar en cada uno el deseo de adquirir un mejor conocimiento de uno mismo. Los objetivos últimos de este trabajo son la expansión del ser y una transformación positiva de su existencia. En este sentido, la práctica de los ejercicios ignacianos puede introducir una búsqueda interior más profunda o más sagrada.

Pero, antes de comenzar el total despertar del yo espiritual, importa ser fuerte física y psicológicamente.

No puede uno comprometerse en una búsqueda religiosa sin antes haber depurado todo lo que, en sí, constituye una traba al desarrollo espiritual.

LOS FIELES LAICOS

Por laicos se entiende aquí a todos los cristianos, excepto a los miembros del orden sagrado y del estado religioso reconocido en la Iglesia. Son, pues, los cristianos que están incorporados a Cristo por el bautismo, que forman el pueblo de Dios y que participan de las funciones de Cristo, sacerdote, profeta y rey. Ellos realizan, según su condición, la misión de todo el pueblo cristiano en la Iglesia y en el mundo (*Lumen gentium*, 31).

La vocación de los laicos

Los laicos tienen como vacación propia el buscar el reino de Dios ocupándose de las realidades temporales y ordenándolas según Dios. A ellos de manera especial les corresponde iluminar y ordenar todas las realidades temporales, a las que están estrechamente unidos, de tal manera que estas lleguen a ser según Cristo, se desarrollen y sean para alabanza del creador y redentor (*Lumen gentium*, 31).

La iniciativa de los cristianos laicos es particularmente necesaria cuando se trata de descubrir o de idear los medios para que las exigencias de la doctrina y de la vida cristiana impregnen las realidades sociales, políticas y económicas. Esta iniciativa es un elemento normal de la vida de la Iglesia.

Los fieles laicos se encuentran en la línea más avanzada de la vida de la Iglesia; por ellos la Iglesia es el principio vial de la sociedad. Por tanto, ellos, especialmente, deben tener consciencia, cada vez más clara, no solo de pertenecer a la Iglesia, sino de ser la Iglesia; es decir, la comunidad de los fieles sobre la tierra bajo la guía del jefe común, el papa, y de los obispos en comunión con él. Ellos son la Iglesia (Pío XII, discurso de 20 febrero 1946; citado por Juan Pablo II, CL. 9).

Como todos los fieles, los laicos están encargados por Dios del apostolado en virtud del bautismo y de la confirmación y por eso tienen la obligación y gozan del derecho, individualmente o agrupados en asociaciones, de trabajar para que el mensaje divino de salvación sea conocido y recibido por los hombres y en toda la tierra. Esta obligación es tanto más apremiante cuando solo por medio de ellos los demás hombres pueden oír el Evangelio y conocer a Cristo. En las comunidades eclesiales, su acción es tan necesaria que, sin ella, el apostolado de los pastores no puede obtener en la mayoría de las veces su plena eficacia (*cf. Lumen gentium*, 33).

LA PARTICIPACIÓN DE LOS
LAICOS EN LA MISIÓN DE CRISTO

Los laicos, consagrados a Cristo y ungidos por el Espíritu Santo, están maravillosamente llamados y preparados para producir
siempre los frutos más abundantes del espíritu. En efecto, todas
sus obras, oraciones, tareas apostólicas, la vida conyugal y fami-
liar, el trabajo diario, el descanso espiritual, si se realizan en el
espíritu, incluso las molestias de la vida, si se llevan con paciencia, todo ello se convierte en sacrificios espirituales agradables
por Jesucristo, que ellos ofrecen con toda piedad a Dios Padre en
la celebración de la eucaristía uniéndolos a la ofrenda del cuerpo
del Señor. De esta manera, también los laicos, como adoradores
que en todas partes llevan una conducta sana, consagran el mundo mismo a Dios (*Lumen gentium*, 34; *cf. Lumen gentium*, 10).

De manera particular, los padres participan de la misión de san-
tificación «impregnando de espíritu cristiano la vida conyugal y
procurando la educación cristiana de los hijos» (*Código de Derecho Canónico*, 835, 4).

Los laicos, si tienen las cualidades requeridas, pueden ser ad-
mitidos de manera estable a los ministerios de lector y de acólito
(*cf. Código de Derecho Canónico*, 230, 1).

Donde lo aconseje la necesidad de la Iglesia y no haya ministros,
pueden también los laicos, aunque no sean lectores ni acólitos, suplir-

les en algunas de sus funciones, es decir, ejercitar el ministerio de la palabra, presidir las oraciones litúrgicas, administrar el bautismo y dar la sagrada comunión, según las prescripciones del derecho (*Código de Derecho Canónico*, 230, 3).

SU PARTICIPACIÓN EN LA MISIÓN PROFÉTICA DE CRISTO

Cristo realiza su función profética no solo a través de la jerarquía, sino también por medio de los laicos. Él los hace sus testigos y les da el sentido de la fe y la gracia de la palabra (*Lumen gentium*, 35).

Los laicos cumplen también su misión profética evangelizando, con «el anuncio de Cristo comunicado con el testimonio de la vida y de la palabra». En los laicos, esta evangelización «adquiere una nota específica y una eficacia particular por el hecho de que se realiza en las condiciones generales de nuestro mundo» (*Lumen gentium*, 35).

Este apostolado no consiste solo en el testimonio de vida; el verdadero apostolado busca ocasiones para anunciar a Cristo con su palabra, tanto a los no creyentes como a los fieles (AA 6; *cf.* AG 15).

Los fieles laicos que sean capaces de ello y que se formen para ello también pueden prestar su colaboración en la formación catequética (*cf. Código de Derecho Canónico*, 229) o en los medios de comunicación social (*cf. Código de Derecho Canónico*, 823, 1).

Tienen el derecho, y a veces incluso el deber, en razón de su propio conocimiento, competencia y prestigio, de manifestar a los pastores sagrados su opinión sobre aquello que pertenece al bien de la Iglesia y de manifestarlo a los demás fieles, salvando siempre la integridad de la fe y de las costumbres y la reverencia hacia los pastores, habida cuenta de la utilidad común y de la dignidad de las personas (*Código de Derecho Canónico*, 212, 3).

Su participación en la misión real de Cristo

Por su obediencia hasta la muerte (*cf.* Flp 2, 8-9), Cristo ha comunicado a sus discípulos el don de la libertad regia, «para que vencieran en sí mismos, con la propia renuncia y una vida santa, al reino del pecado» (*Lumen gentium*, 36).

El que somete su propio cuerpo y domina su alma sin dejarse llevar por las pasiones es dueño de sí mismo; se puede llamar rey porque es capaz de gobernar su propia persona; es libre e independiente y no se deja cautivar por una esclavitud culpable (San Ambrosio, pasal, 118, 14, 30: PL 15, 1403A).

> Los laicos, además, juntando también sus fuerzas, han de sanear las estructuras y las condiciones del mundo, de tal forma que, si algunas de sus costumbres incitan al pecado, todas ellas sean conformes con las normas de la justicia y favorezcan en vez de impedir la práctica de las virtudes. Obrando así, impregnarán de valores morales toda la cultura y las realizaciones humanas (*Lumen gentium*, 36).

> Los seglares también pueden sentirse llamados o ser llamados a colaborar con sus pastores en el servicio de la comunidad eclesial para el crecimiento y la vida de esta, ejerciendo ministerios muy diversos según la gracia y los carismas que el Señor quiera concederles (E N 75).

En la Iglesia, «los fieles laicos pueden cooperar a tenor del derecho en el ejercicio de la potestad de gobierno» (*Código de Derecho Canónico*, 129, 2). Así, con su presencia en los concilios particulares (*Código de Derecho Canónico*, 443, 4); los sínodos diocesanos (*Código de Derecho Canónico*, 463, 1 y 2); los consejos pastorales (*Código de Derecho Canónico*, 511; 536); en el ejercicio *in solidum* de la tarea pastoral de una parroquia (*Código de Derecho Canónico*, 517, 2); la colaboración en los consejos de los asuntos económicos (*Código de Derecho Canónico*, 492, 1; 536); la participación en los tribunales eclesiásticos (*Código de Derecho Canónico*, 1421, 2), etc.

Los fieles han de «aprender a distinguir cuidadosamente entre los derechos y deberes que tienen como miembros de la Iglesia y los que les corresponden como miembros de la sociedad humana. Deben esforzarse en integrarlos en buena armonía, recordando que en cualquier cuestión temporal han de guiarse por la conciencia cristiana. En efecto, ninguna actividad humana, ni siquiera los asuntos temporales, puede sustraerse a la soberanía de Dios» (*Lumen gentium*, 36).

Así, todo laico, por el simple hecho de haber recibido sus dones, es a la vez testigo e instrumento vivo de la misión de la Iglesia misma «según la medida del don de Cristo» (*Lumen gentium*, 33).

ORACIONES DE SIEMPRE PARA LA RELAJACIÓN Y LA MEDITACIÓN

Señal de la cruz

Acto de contrición o Yo pecador

Yo, pecador, me confieso a Dios todopoderoso,
a la bienaventurada siempre Virgen María,
al bienaventurado san Miguel arcángel,
al bienaventurado san Juan Bautista,
a los santos apóstoles Pedro y Pablo,
a todos los santos, y a vosotros, hermanos,
que pequé gravemente
con el pensamiento, palabra y obra,
por mi culpa, por mi culpa,
por mi gravísima culpa.
Por tanto, ruego
a la bienaventurada siempre Virgen María,
al bienaventurado san Miguel arcángel,
al bienaventurado san Juan Bautista,
a los santos apóstoles Pedro y Pablo,
a todos los santos, y a vosotros, hermanos,
que roguéis por mí a Dios nuestro Señor.
Amén.

Avemaría

Dios te salve, María,
llena eres de gracia.
El Señor es contigo;
bendita tú eres entre todas las mujeres,
y bendito es el fruto de tu vientre, Jesús.

Santa María, madre de Dios,
ruega por nosotros, pecadores,
ahora y en la hora de nuestra muerte.
Amén.

Padrenuestro

Padre nuestro, que estás en el cielo,
santificado sea tu nombre;
venga a nosotros tu reino;
hágase tu voluntad en la tierra como
en el cielo.
Danos hoy nuestro pan de cada día;
perdona nuestras ofensas
como también nosotros perdonamos
a los que nos ofenden.
No nos dejes caer en la tentación
y líbranos del mal.
Amén.

Símbolo de los apóstoles

Creo en Dios, Padre todopoderoso,
creador del cielo y de la tierra.

Creo en Jesucristo, su único Hijo,
nuestro Señor,
que fue concebido por obra y gracia del Espíritu Santo,
nació de santa María virgen,
padeció bajo el poder de Poncio Pilato,
fue crucificado, muerto y sepultado,
descendió a los infiernos,
al tercer día resucitó de entre los muertos,
subió a los cielos
y está sentado a la derecha de Dios,
Padre todopoderoso.
Desde allí ha de venir
a juzgar a vivos y muertos.

Creo en el Espíritu Santo,
la santa Iglesia católica,
la comunión de los santos,
el perdón de los pecados,
la resurrección de la carne
y la vida eterna. Amén.

Sura 1. Loa a Dios

1. Loa a Dios, dueño del universo,
2. el clemente, el misericordioso,
3. soberano en el día de la retribución,
4. a ti es a quien adoramos, de ti es de quien imploramos socorro.
5. Dirígenos por el camino recto,
6. por el sendero de aquellos a quienes has colmado con tus beneficios,
7. no por el de aquellos que han incurrido en tus iras ni por el de los que se extravían.
Amén.

Sura 114. Los hombres

1. Busco un refugio cerca del Señor de los hombres,
2. rey de los hombres,
3. Dios de los hombres,
4. contra la maldad del que sugiere malos pensamientos y se oculta,
5. que infunde el mal en los corazones de los hombres,
6. contra los genios y contra los hombres.
Amén.

Sura 113. El alba del día

1. Busco un refugio cerca del Señor del alba del día
2. contra la maldad de los seres que ha creado,
3. contra la maldad de la noche sombría cuando nos sorprende,
4. contra la maldad de los que soplan en los nudos,
5. contra el mal del envidioso que nos tiene envidia.
Amén.

Sura 112. La unidad de Dios

1. Dios es uno.
2. Es el Dios a quien todos los seres se dirigen en sus necesidades.
3. No ha engendrado y no ha sido engendrado.
4. No tiene igual en nadie.
Amén.

Sura 256. Dios es el dios único

Dios es el dios único; no hay
más dios que Él, el vivo, el inmutable.
Ni el letargo ni el sueño rinden.

Todo lo que hay en los cielos y en la tierra le pertenece. ¿Quién puede interceder cerca de Él sin su permiso?

Él conoce lo que está delante de ellos y lo que está detrás de ellas, y los hombres no abarcan de su ciencia más que lo que Él quiso enseñarles.

Su trono se extiende sobre los cielos y sobre la tierra y su custodia no le cuesta ningún trabajo. Él es el altísimo, el grande.

Amén.

Salmo 23. El Señor es mi pastor

1. El Señor es mi pastor, nada me falta;
2. en verdes praderas me hace recostar;
me conduce hacia fuentes tranquilas
3. y repara mis fuerzas;
me guía por senderos de justicia
como pide su título.
4. Aunque camine por cañadas oscuras,
nada temo; tú vas conmigo;
tu vara y tu cayado me sosiegan.
5. Me pones delante una mesa
frente a mis enemigos;
me unges con perfume la cabeza,
y mi copa rebosa.
6. Tu bondad y lealtad me escoltan
todos los días de mi vida;
y habitaré en la casa del Señor
por días sin término.

Salmo 43. Señor, defiende mi causa

1. Hazme justicia, Dios,
defiende mi causa contra gente desleal,
del hombre traidor ponme a salvo.

2. Pues tú eres mi Dios y mi protector;
¿por qué me rechazas?,
¿por qué voy andando sombrío,
hostigado por el enemigo?
3. Envía tu luz y tu verdad;
que ellas me guíen y me conduzcan
hasta tu monte santo, hasta tu morada,
4 y me acercaré al altar de Dios,
al Dios de mi gozo y alegría.
Te daré gracias al son de la cítara,
Dios, Dios mío.
5. ¿Por qué te acongojas, alma mía,
por qué estás gimiendo?
Espera en Dios, que aún le darás gracias.
Salvación de mi rostro, Dios mío.

Salmo 3. Señor, tú eres mi escudo y mi gloria

2. Señor, cuántos son mis adversarios,
cuántos se levantan contra mí,
3. cuántos dicen de mí:
«No hay salvación para él en Dios».
4. Pero tú, Señor, eres mi escudo y mi gloria,
tú me haces levantar la cabeza.
5. Si grito invocando al Señor,
Él me escucha desde su monte santo.
6. Me acuesto, me duermo y me despierto
porque el Señor me sostiene.
7. No temeré al ejército innumerable
que me ha puesto cerco.
8. ¡Levántate, Señor, sálvame, Dios mío!
Tú abofeteaste a mis enemigos,
rompiste los dientes de los malvados.
9. Tuya, Señor, es la salvación;
para tu pueblo tu bendición

LOS DONES DEL ESPÍRITU SANTO

La sabiduría:

Ver las cosas con los ojos de Dios.

Nosotros; laicos, sabemos que el Espíritu Santo constituye el alma, la savia vital de la Iglesia y de cada cristiano; es el Amor de Dios, que hace de nuestro corazón su morada y entra en comunión con nosotros. El Espíritu Santo está siempre con nosotros, siempre está en nosotros, en nuestro corazón.

El Espíritu mismo es el «don de Dios» por excelencia (*cf.* Jn 4, 10), es un regalo de Dios, y a su vez comunica diversos dones espirituales a quien lo acoge. La Iglesia enumera siete, número que simbólicamente significa plenitud, totalidad, son los que se aprenden cuando uno se prepara para el sacramento de la confirmación y que invocamos en la antigua oración llamada *Secuencia del Espíritu Santo*. Los dones del Espíritu Santo son sabiduría, entendimiento, consejo, fortaleza, ciencia, piedad y temor de Dios.

Según esta lista, el primer don del Espíritu Santo es, pues, la sabiduría. Pero no se trata simplemente de la sabiduría humana, que es fruto del conocimiento y de la experiencia. En la Biblia se cuenta que Salomón, en el momento de su coronación como rey de Israel, había pedido el don de la sabiduría (*cf.* 1 Re 3, 9). Y la sabiduría es precisamente esto; es la gracia de poder ver cada cosa con los ojos de Dios. Es sencillamente esto; es ver el mundo, ver las situaciones, las ocasiones, los problemas, todo con los ojos de Dios. Esta es la sabiduría. A veces vemos las cosas según nuestro gusto o según la situación de nuestro corazón, con amor o con odio, con envidia... No, esto no es el ojo de Dios. La sabiduría es lo que obra el Espíritu Santo en nosotros a fin de que veamos todas las cosas con los ojos de Dios. Este es el don de la sabiduría.

Y, obviamente, esto deriva de la intimidad con Dios, de la relación íntima que tenemos con Dios, de la relación de hijos con el Padre. Y el Espíritu Santo, cuando tenemos esta relación, nos da el don de la sabiduría. Cuando estamos en comunión con el Señor, el Espíritu Santo es como si transfigurara nuestro corazón y le hiciera percibir todo su calor y su predilección.

Así pues, el Espíritu Santo hace «sabio» al cristiano. Pero no en el sentido de que tiene respuesta para todo, de que lo sabe todo, sino en el sentido de que «sabe» de Dios, sabe cómo actúa Dios, conoce cuándo una cosa es de Dios y cuándo no es de Dios; tiene esa sabiduría que Dios da a nuestro corazón. En este sentido, el corazón del hombre sabio tiene el gusto y el sabor de Dios. ¡Y qué importante es que en nuestras comunidades haya cristianos así! Todo en ellos habla de Dios y se convierte en un signo hermoso y vivo de su presencia y de su amor.

Y esto es algo que no podemos improvisar, que no podemos conseguir por nosotros mismos; es un don que Dios da a quienes son dóciles al Espíritu Santo. Dentro de nosotros, en nuestro corazón, tenemos al Espíritu Santo; podemos escucharlo y podemos no escucharlo. Si escuchamos al Espíritu Santo, Él nos enseña esta sabiduría, nos regala la sabiduría, que consiste en ver con los ojos de Dios, oír con los oídos de Dios, amar con el corazón de Dios, juzgar las cosas con el juicio de Dios. Esta es la sabiduría que nos regala el Espíritu Santo, y todos nosotros podemos poseerla. Solo tenemos que pedirla al Espíritu Santo.

Pensad en una madre, en casa, con los niños, que cuando uno hace una cosa el otro maquina otra y la pobre madre va de un lado a otro con los problemas de los niños. Y, cuando las madres se cansan y gritan a los niños, ¿eso es sabiduría? Gritar a los niños, os pregunto, ¿es sabiduría? Qué decís vosotros; ¿es sabiduría o no? ¡No! En cambio, cuando la madre toma al niño y lo riñe dulcemente y le dice: «Esto no se hace, por esto…», y le explica con mucha paciencia, ¿esto es sabiduría de Dios? ¡Sí! Es lo que nos da el Espíritu Santo en la vida.

O en el matrimonio, por ejemplo, los dos esposos, el esposo y la esposa, se pelean y ya no se miran, y si se miran, se miran con mala cara; ¿esto es sabiduría de Dios? ¡No! En cambio, si dicen: «Bueno, ya ha pasado la tormenta, hagamos las paces», y vuelven de nuevo a caminar en paz; esto es sabiduría. Que venga casa, que venga con los niños, que se aprende; esto es un regalo del Espíritu Santo.

Por ello, debemos pedir al Señor que nos dé el Espíritu Santo y que nos dé el don de la sabiduría, de esa sabiduría de Dios que nos enseña a mirar con los ojos de Dios, a sentir con el corazón de Dios, a hablar con las palabras de Dios. Y así, con esta sabiduría, que sigamos adelante, construyamos la familia, construyamos la Iglesia, y todos nos santificamos. Pidamos hoy la gracia de la sabiduría. Y pidamos a la Virgen, que es la sede de la sabiduría, de este don; que ella nos alcance esta gracia.

El entendimiento: reconocer el plan de amor de Dios

No se trata de una cualidad intelectual natural, sino de una gracia que el Espíritu Santo infunde en nosotros y que nos hace capaces de escrutar el pensamiento de Dios y su plan de salvación San Pablo dice que, por medio del Espíritu Santo, Dios nos revela lo que ha preparado para los que lo aman.

¿Qué significa esto? No es que uno tenga pleno conocimiento de Dios, pero sí que el Espíritu nos va introduciendo en su intimidad, haciéndonos partícipes del designio de amor con el que teje nuestra historia.

Como Jesús a los discípulos de Emaús, con este don el Espíritu Santo abre nuestros ojos, incapaces por sí solos de reconocerlo, dando de este modo una nueva luz de esperanza a nuestra existencia.

El consejo: la voz del Espíritu nos orienta en el camino

Hemos oído en la lectura del pasaje del Libro de los Salmos que dice: «El Señor me aconseja, hasta de noche me instruye internamente» (*cf.* Sal 16, 7). Y este es otro don del Espíritu Santo el don del consejo. En los momentos más delicados, sabemos lo importante que es poder contar con las sugerencias de personas sabias y que nos quieren. Ahora, a través del don del consejo, es Dios mismo, con su Espíritu, quien ilumina nuestro corazón, de tal forma que nos hace comprender el modo justo de hablar y de comportarnos; y el camino que debemos seguir. Pero ¿cómo actúa este don en nosotros?

En el momento en el que lo acogemos y lo albergamos en nuestro corazón, el Espíritu Santo comienza inmediatamente a hacernos sensibles a su voz y a orientar nuestros pensamientos, nuestros sentimientos y nuestras intenciones según el corazón de Dios. Al mismo tiempo, nos conduce cada vez más a dirigir nuestra mirada interior hacia Jesús como modelo de nuestro modo de actuar y de relacionarnos con Dios Padre y con los hermanos.

El consejo, pues, es el don con el cual el Espíritu Santo capacita a nuestra consciencia para hacer una opción concreta en comunión con Dios, según la lógica de Jesús y de su Evangelio. De este modo, el Espíritu nos hace crecer interiormente, nos hace crecer positivamente, nos hace crecer en la comunidad y nos ayuda a no caer en manos del egoísmo y de nuestro propio modo de ver las cosas. Así el Espíritu nos ayuda a crecer y también a vivir en comunidad.

La condición esencial para conservar este don es la oración. Volvemos siempre al mismo tema; ¡la oración! Es muy importante la oración. Rezar con las oraciones que todos sabemos desde que éramos niños, pero también rezar con nuestra palabras. Decir al Señor: «Señor, ayúdame, aconséjame, ¿qué debo hacer ahora?». Y con la oración hacemos espacio, a fin de que el Espíritu venga y nos ayude en ese momento, nos aconseje sobre lo que todos debemos hacer. ¡La oración! Jamás olvidar la oración. ¡Jamás! Nadie, nadie se da cuenta cuando rezamos en el autobús o por la calle; rezamos en silencio, con el corazón. Aprovechemos esos momentos para rezar, orar para que el Espíritu nos dé el don del consejo.

En la intimidad con Dios y en la escucha de su palabra, poco a poco, dejamos a un lado nuestra lógica personal, impuesta la mayoría de las veces por nuestras cerrazones, nuestros prejuicios y nuestras ambiciones, y aprendemos, en su lugar, a preguntar al Señor: ¿cuál es tu deseo?, ¿cuál es tu voluntad?, ¿qué te gusta a ti? De este modo madura en nosotros una sintonía profunda, casi connatural en el Espíritu y se experimenta cuán verdaderas son las palabras de Jesús que nos presenta el Evangelio de Mateo: «No os preocupéis de lo que vais a decir o de cómo lo diréis; en aquel momento se os sugerirá lo que tenéis que decir, porque no seréis vosotros los que habléis, sino que el Espíritu de vuestro Padre hablará por vosotros» (Mt 10, 19-20). Es el Espíritu quien nos aconseja, pero nosotros debemos dejar espacio al Espíritu para que nos pueda aconsejar. Y dejar espacio es rezar, rezar para que Él venga y nos ayude siempre.

Como todos los demás dones del Espíritu, también el del consejo constituye un tesoro para toda la comunidad cristiana. El Señor no nos habla solo en la intimidad del corazón, nos habla, sí, pero no solo allí, sino que nos habla también a través de la voz y el testimonio de los hermanos. Es verdaderamente un don grande poder encontrar hombres y mujeres de fe que, sobre todo en los momentos más complicados e importante de nuestra vida, nos ayudan a iluminar nuestro corazón y a reconocer la voluntad del Señor.

Recuerdo una vez en el santuario de Luján; yo estaba en el confesonario, delante del cual había una larga fila. Había también un muchacho todo moderno, con pendientes, tatuajes, todas estas cosas... Y vino para decirme lo que le sucedía. Era un problema grande, difícil. Y me dijo: «Yo le he contado todo esto a mi madre, y mi madre me ha dicho; dirígete a la Virgen y ella te dirá lo que debes hacer». He aquí una mujer que tenía el don del consejo.

No sabía cómo resolver el problema de su hijo, pero indicó el camino justo: dirígete a la Virgen y ella te dirá. Esto es el don del consejo. Esa mujer humilde, sencilla, dio a su hijo el consejo más verdadero. En efecto, este muchacho me dijo: «He mirado a la Virgen y he sentido que tengo que hacer esto...». Yo no tuve que hablar, ya lo habían dicho todo su madre y el muchacho mismo. Esto es el don del consejo. Vosotras, madres que tenéis este don, pedidlo para vuestros hijos; el don de aconsejar a los hijos es un don de Dios.

Queridos amigos, el salmo 16, que hemos escuchado, nos invita a rezar con esta palabras: «Bendeciré al Señor, que me aconseja, hasta de noche me instruye internamente. Tengo siempre presente al Señor, con Él a mi derecha no vacilaré». Que el Espíritu infunda siempre en nuestro corazón esta certeza y nos colme de su consuelo y de su paz. Pedid siempre el don del consejo.

La fortaleza: nos sostiene en la debilidad

En las catequesis anteriores hemos reflexionado sobre los tres primeros dones del Espíritu Santo; sabiduría, entendimiento y consejo. Pensemos hoy en lo que hace el Señor: Él viene siempre a sostenernos en nuestra debilidad y esto lo hace con un don especial, el don de la fortaleza.

Hay una parábola, relatada por Jesús, que nos ayuda a captar la importancia de este don. Un sembrador salió a sembrar; sin embargo, no toda la semilla que esparció dio fruto.

Lo que cayó al borde del camino se lo comieron los pájaros; lo que cayó en terreno pedregoso o entre abrojos brotó, pero inmediatamente lo abrasó el sol o lo ahogaron las zarzas. Solo lo que cayó en terreno bueno creció y dio fruto (*cf.* Mc 4, 3-9; Mt 13, 3-9; Lc 8, 4-8).

Como Jesús mismo explica a sus discípulos, este sembrador representa al Padre, que esparce abundantemente la semilla de su palabra. Sin embargo, a menudo la semilla se encuentra con la aridez de nuestro corazón e, incluso cuando es acogida, corre el riesgo de permanecer estéril. En cambio, con el don de la fortaleza, el Espíritu Santo libera el terreno de nuestro corazón, lo libera de la tibieza, de las incertidumbres y de todos los temores que pueden frenarlo, de modo que la palabra del Señor se ponga en práctica de manera auténtica y gozosa. Es una gran ayuda este don de la fortaleza, nos da fuerza y nos libera también de muchos impedimentos.

Hay también momentos difíciles y situaciones extremas en las que el don de la fortaleza se manifiesta de modo extraordinario, ejemplar. Es el caso de quienes deben afrontar experiencias particularmente duras y dolorosas que revolucionan su vida y la de sus seres queridos. La Iglesia resplandece por el testimonio de numerosos hermanos y hermanas que no dudaron en entregar su vida con tal de permanecer fieles al Señor y a su Evangelio. Tampoco hoy faltan cristianos en muchas partes del mundo que siguen celebrando y testimoniando su fe con profunda convicción y serenidad y resisten incluso cuando saben que ello puede comportar un precio muy alto. También nosotros, todos nosotros, conocemos a gente que ha vivido situaciones difíciles, numerosos dolores. Pero pensemos en esos hombres y en esas mujeres que tienen una vida difícil, que luchan por sacar adelante a la familia y por educar a los hijos; hacen todo esto porque está el espíritu de fortaleza que los ayuda. Cuántos hombres y mujeres —nosotros no conocemos sus nombres— que honran a nuestro pueblo, honran a nuestra Iglesia porque son fuertes; fuertes para llevar adelante su vida, su familia, su trabajo, su fe. Estos hermanos y hermanas nuestros son santos, santos en la cotidianidad, santos ocultos en medio de nosotros; tienen el don de la fortaleza para cumplir con su deber de personas, de padres, de madres, de hermanos, de hermanas, de ciudadanos. ¡Son muchos!

Demos gracias al Señor por estos cristianos que viven una santidad oculta; es el Espíritu Santo que tienen dentro quien los conduce. Y nos hará bien pensar en esta gente; si ellos hacen todo esto, si ellos pueden hacerlo, ¿por qué yo no? Y nos hará bien también pedir al Señor que nos dé el don de la fortaleza.

No hay que pensar que el don de la fortaleza es necesario solo en algunas ocasiones o situaciones especiales. Este don debe constituir la nota de fondo de nuestro ser cristianos en el ritmo ordinario de nuestra vida cotidiana.

Como he dicho, todos los días de la vida cotidiana debemos ser fuertes, necesitamos esta fortaleza para llevar adelante nuestra vida, nuestra familia, nuestra fe. El apóstol Pablo dijo una frase que nos hará bien escuchar: «Todo lo puedo en aquel que me conforta» (Flp 4, 13). Cuando afrontamos la vida ordinaria, cuando llegan las dificultades, recordemos esto: «Todo lo puedo en aquel que me da la fuerza».

El Señor da la fuerza, siempre, no permite que nos falte. El Señor no nos prueba más de lo que podemos tolerar. Él está siempre con nosotros. «Todo lo puedo en aquel que me conforta».

Queridos amigos, a veces podemos vernos tentados a dejarnos llevar por la pereza o, peor aún, por el desaliento, sobre todo ante las fatigas y las pruebas de la vida. En estos casos, no nos desanimemos, invoquemos al Espíritu Santo para que, con el don de la fortaleza, dirija nuestro corazón y comunique nueva fuerza y entusiasmo a nuestra vida y a nuestro seguimiento de Jesús.

La ciencia: captar la grandeza y el amor de Dios

Hoy quisiera subrayar otro don del Espíritu Santo: el don de la ciencia. Cuando se habla de ciencia, el pensamiento se dirige inmediatamente a la capacidad del hombre de conocer cada vez mejor la realidad que lo rodea y de descubrir las leyes que rigen la naturaleza y el universo. La ciencia que viene del Espíritu Santo, sin embargo, no se limita al conocimiento humano; es un don especial que nos lleva a captar, a través de la creación, la grandeza y el amor de Dios y su relación profunda con cada criatura.

Cuando nuestros ojos son iluminados por el Espíritu, se abren a la contemplación de Dios en la belleza de la naturaleza y la grandiosidad del cosmos y nos llevan a descubrir que cada cosa nos habla de Él y de su amor. Todo esto suscita en nosotros un gran estupor y un profundo sentido de gratitud. Es la sensación que experimentamos también cuando admiramos una obra de arte o cualquier maravilla que es fruto del ingenio y de la creatividad del hombre: ante todo esto, el Espíritu nos conduce a alabar al Señor desde lo profundo de nuestro corazón y a reconocer, en todo lo que tenemos y somos, un don inestimable de Dios y un signo de su infinito amor por nosotros.

En el primer capítulo del Génesis, precisamente al inicio de toda la Biblia, se pone de relieve que Dios se complace de su creación, subrayando repetidamente la belleza y la bondad de cada cosa. Al término de cada jornada, está escrito: «Y vio Dios que era bueno» (1, 12. 18. 21. 25); si Dios ve que la creación es una cosa buena, es algo hermoso, también nosotros debemos asumir esta actitud y ver que la creación es algo bueno y hermoso.

He aquí el don de la ciencia, que nos hace ver esta belleza; por lo tanto, alabemos a Dios, démosle gracias por habernos dado tanta belleza. Y cuando Dios terminó de crear al hombre no dijo: «Vio que era bueno», sino que dijo que era «muy bueno» (v. 31). A los ojos Dios, nosotros somos lo más hermoso, lo más grande y lo mejor de la creación; incluso los ángeles están por debajo de nosotros, somos más que los ángeles, como hemos oído en el Libro de los Salmos. El Señor nos quiere mucho. Debemos darle gracias por esto. El don de la ciencia nos coloca en profunda sintonía con el creador y nos hace participar en la limpidez de su mirada y de su juicio. Y en esta perspectiva logramos ver en el hombre y en la mujer el vértice de la creación, como realización de un designio de amor que está impreso en cada uno de nosotros y que hace que nos reconozcamos como hermanos y hermanas.

Todo esto es motivo de serenidad y de paz y hace del cristiano un testigo gozoso de Dios, siguiendo las huellas de san Francisco de Asís y de muchos santos que supieron alabar y cantar su amor a través de la contemplación de la creación. Al mismo tiempo, el don de la ciencia nos ayuda a no caer en algunas actitudes excesivas o equivocadas. La primera la constituye el riesgo de considerarnos dueños de la creación. La creación no es una propiedad de la cual podemos disponer a nuestro gusto; y mucho menos es una propiedad solo de algunos, de unos pocos. La creación es un don, es un don maravilloso que Dios nos ha dado para que cuidemos de él y lo utilicemos en beneficio de todos, siempre con gran respeto y gratitud. La segunda actitud errónea está representada por la tentación de detenernos en las criaturas, como si estas pudiesen dar respuesta a todas nuestras expectativas. Con el don de la ciencia, el Espíritu nos ayuda a no caer en este error.

Pero quisiera volver al primer camino equivocado: disponer de la creación en lugar de custodiarla. Debemos custodiar la creación porque es un don que el Señor nos ha dado, es el regalo de Dios a nosotros; nosotros somos custodios de la creación. Cuando explotamos la creación, destruimos el signo del amor de Dios. Destruir la creación es decir a Dios: «No me gusta» y esto no es bueno; he aquí el pecado.

Cuidar de la creación es precisamente custodiar el don de Dios, y es decir a Dios: «Gracias, yo soy el custodio de la creación para hacerla progresar, jamás para destruir tu don». Esta debe ser nuestra actitud respecto a la creación; custodiarla, porque si destruimos la creación, la creación nos destruirá. No olvidéis esto. Una vez estaba en el campo y oí un dicho de una persona sencilla a la que le gustaban mucho las flores y las cuidaba. Me dijo: «Debemos cuidar estas cosas hermosas que Dios nos ha dado; la creación es para nosotros a fin de que la aprovechemos bien; no explotarla, sino custodiarla, porque Dios perdona siempre; nosotros los hombres perdonamos algunas veces; pero la creación no perdona nunca, y si no la cuidas, te destruirá».

Esto debe hacernos pensar y debe hacernos pedir al Espíritu Santo el don de la ciencia para comprender bien que la creación es el regalo más hermoso de Dios. Él hizo muchas cosas buenas para la cosa mejor, que es la persona humana.

La piedad: vivir como hijos de Dios

Ahora queremos detenernos en un don del Espíritu Santo que muchas veces se entiende mal o se considera de manera superficial, cuando en realidad toca el corazón de nuestra identidad y nuestra vida cristiana; se trata del don de la piedad.

Es necesario aclarar inmediatamente que este don no se identifica con el tener compasión de alguien, tener piedad del prójimo, sino que indica nuestra pertenencia a Dios y nuestro vínculo profundo con Él, un vínculo que da sentido a toda nuestra vida y que nos mantiene firmes, en comunión con Él, incluso en los momentos más difíciles y tormentosos.

Este vínculo con el Señor no se debe entender como un deber o una imposición. Es un vínculo que viene desde dentro. Se trata de una relación vivida con el corazón; es nuestra amistad con Dios que nos dona Jesús, una amistad que cambia nuestra vida y nos llena de entusiasmo, de alegría. Por ello el don de la piedad suscita ante todo en nosotros la gratitud y la alabanza. Es este, en efecto, el motivo y el sentido más auténtico de nuestro culto y de nuestra adoración. Cuando el Espíritu Santo nos hace percibir la presencia del Señor y todo su amor por nosotros, nos caldea el corazón y nos mueve casi naturalmente a la oración y a la celebración. Piedad, por lo tanto, es sinónimo de auténtico espíritu religioso, de confianza filial con Dios, de esa capacidad de dirigirnos a Él con amor y sencillez que es propia de las personas humildes de corazón.

Si el don de la piedad nos hace crecer en la relación y en la comunión con Dios y nos lleva a vivir como hijos suyos, al mismo tiempo nos ayuda a volcar este amor también en los demás y a reconocerlos como hermanos. Y entonces sí que seremos movidos por sentimientos de piedad —¡no de pietismo!— respecto a quien está a nuestro lado y de aquellos que encontramos cada día. ¿Por qué digo «no de pietismo»? Porque algunos piensan que tener piedad es cerrar los ojos, poner cara de estampa, aparentar ser como un santo. En piamontés decimos hacer la *mugna quacia*. Esto no es el don de la piedad. El don de la piedad significa ser verdaderamente capaces de gozar con quien experimenta alegría, llorar con quien llora, estar cerca de quien está solo o angustiado, corregir a quien está en el error, consolar a quien está afligido, acoger y socorrer a quien tiene necesidad. Hay una relación muy estrecha entre el don de la piedad y la mansedumbre. El don de la piedad que nos da el Espíritu Santo nos hace apacibles, nos hace serenos, pacientes, en paz con Dios, al servicio de los demás con mansedumbre.

Queridos amigos, en la Carta a los Romanos el apóstol Pablo afirma: «Cuantos se dejan llevar por el Espíritu de Dios, esos son hijos de Dios. Pues no habéis recibido un espíritu de esclavitud para recaer en el temor, sino que habéis recibido un espíritu de hijos de adopción, en el que clamamos: "¡*Abbá*, Padre!"» (Rm 8, 14-15). Pidamos al Señor que el don de su Espíritu venza nuestro temor, nuestras inseguridades, también nuestro espíritu inquieto, impaciente, y nos convierta en testigos gozosos de Dios y de su amor, adorando al Señor en verdad y también en el servicio al prójimo con mansedumbre y con la sonrisa que siempre nos da el Espíritu Santo en la alegría. Que el Espíritu Santo nos dé a todos este don de la piedad.

El temor de Dios: una llamada de atención

El temor de Dios, don del Espíritu Santo, no quiere decir tener miedo a Dios, porque sabemos que Dios es nuestro Padre, que nos ama, que nos perdona siempre. Cuando el Espíritu Santo habita en nuestro corazón, nos infunde consuelo y paz, esa actitud de la persona que deposita toda su confianza en Dios y se siente protegido, como un niño con su padre.

Este don del Espíritu Santo nos permite imitar al Señor en humildad y obediencia, no con una actitud resignada y pasiva, sino con valentía, con gozo. Nos hace cristianos convencidos de que no estamos sometidos al Señor por miedo, sino conquistados por su amor de Padre.

Finalmente, el temor de Dios es una «alarma».

Cuando una persona no anda por buen camino, cuando se instala en el mal, cuando se aparta de Dios, cuando se aprovecha de los demás, cuando vive apegado al dinero, a la vanidad, al poder o al orgullo, entonces el santo temor de Dios le llama la atención: así no serás feliz, así terminarás mal y no te podrás llevar nada, ni de tu dinero, ni de tu vanidad, ni de tu poder, ni de tu orgullo.

Que el temor de Dios nos permita comprender que un día todo terminará y que debemos dar cuentas a Dios.

Redescubrir tu cuerpo

Actualmente, todo el mundo reconoce el estrecho lazo que unen el cuerpo, la emoción y el pensamiento. Estas tres funciones del hombre componen un todo indisociable. Los trabajos de la medicina psicosomática y los descubrimientos de las nuevas terapias psicocorporales lo testimonian. Algunas terapias ponen el acento sobre las emociones, otras orientan su trabajo sobre la reflexión y el análisis. Por su parte, la práctica de los ejercicios está orientada hacia una mejor toma de consciencia del cuerpo. El cuerpo es la materia, la realidad, lo concreto. Ahora bien, estamos en una época en la que el hombre pierde poco a poco sus raíces.

Y lo que es más, se aparta progresivamente de la naturaleza habitando ciudades cada vez menos humanas donde predominan el hormigón y el asfalto. En fin, se intelectualiza muchísimo y se convierte cada vez en menos manual. Es suficiente para convencerse de esto, observar la ruptura del sector terciario en los países desarrollados. Se vuelve vital para el hombre tener los «pies en la tierra» si quiere mantener su equilibrio tanto biológico como psicológico.

En el lenguaje corriente, se dice frecuentemente de aquel que no es consciente de las realidades de la vida «que no tiene los pies en la tierra».

Ahora bien, el individuo no consciente de sus responsabilidades sociales o familiares posee generalmente una mala percepción de su esquema corporal.

Igualmente, los trastornos de la personalidad o problemas relacionados están a menudo ligados a una corporalidad mal vivida. Reconstruyéndose a partir de su cuerpo se evita así caer en la trampa del intelectualismo o de la reflexión estéril. El cuerpo es la base del triángulo de la personalidad humana.

Cuando esta base es estable y sólida, se está en mejores condiciones de comprender los problemas relacionados para después solucionarlos.

Habiendo reencontrado el cuerpo y la emoción una dinámica fuerte y equilibrada, una búsqueda interior puede ser finalmente examinada con toda consciencia y en plena lucidez.

En este contacto íntimo con el cuerpo al que nos invitan los ejercicios ignacianos, la percepción de las sensaciones desagradables —tensiones, contracciones, fatiga, malestar...— puede —cuando hay patología, incluso ligera— predominar en un primer momento. Esta constatación es un signo evidente de que tiene la necesidad de relajarse y de ir al descubrimiento de su cuerpo para comprender los mensajes que emite.

Pero muy a menudo —a veces desde la primera sesión— las sensaciones positivas se desarrollan y se adelantan a las otras. El cuerpo se distiende, entra en calor.

Un agradable bienestar invade el ser por entero; la respiración se libera; la columna vertebral reencuentra su estática natural, su justo equilibrio; la sonrisa regresa...

Los ejercicios ignacianos aportan una mirada nueva sobre el cuerpo y proponen un descubrimiento de nuestra psique por medio de ella. Es una ayuda eficaz para la supresión de los mil y un pequeños males cotidianos que, de hecho, no son ni pequeños ni insignificantes, pues conforman nuestra vida.

ADAPTARSE AL MUNDO EXTERIOR

Simples y naturales, los ejercicios de la relajación meditativa crean rápidamente nuevos automatismos basados en el autocontrol.

Gracias a la calma, a la distensión y a la imaginación positiva se generan respuestas más sanas de cara a las múltiples agresiones cotidianas —estrés—.

Los ejercicios ignacianos no buscan alejar al individuo de sus responsabilidades; al contrario, quieren ayudar a repensar su acción en el mundo.

Gracias a los ejercicios, el individuo puede resituarse más justamente en su vida social, en el seno de la cual debe ser capaz de realizarse.

Aprende también a no considerar el mundo exterior como un enemigo o una fatalidad, sino como una realidad frente a la cual su propia actitud es determinante.

Todo el problema del hombre frente a la sociedad que ha concebido, pero que a menudo le sobrepasa, es de hecho un problema de adaptación.

Este tránsito de un equilibrio o de un ritmo a otro es el punto central del problema. Es ahí donde debe encontrar la actitud justa, es decir, la correcta reacción frente a las nuevas tecnologías que nos desbordan y a los cambios que inevitablemente entrañan la vida.

Los ejercicios ignacianos están para a ayudar a franquear este tránsito y suprimir las trabas ya existentes: insomnio, espasmofilia, depresión, angustia, problemas digestivos, nervios... Para franquear estos obstáculos, que son enfermedades, y combatir los problemas presentes, tales como la timidez, los bloqueos afectivos, hacen falta medios eficaces.

Los ejercicios ignacianos ponen a su disposición la relajación profunda, los tres grados de la relajación dinámica con toma de conciencia del cuerpo y de sus mensajes sensoriales y, por fin, la dinamización de lo positivo.

CREAR UNA CONSCIENCIA POSITIVA

Desarrollar lo positivo es, primeramente, suprimir de sí esta aura negativa que falsea la percepción de los demás y del mundo.

Es, a continuación, reaprender a sonreír y a ser alegre. El axioma inquebrantable de los ejercicios ignacianos es, bien seguro, el de la acción positiva. Con la alegría en el corazón, se está en condiciones de vivir plenamente la vida y de saborear cada instante.

Los ejercicios ignacianos son un método completo de relajación y de autoconocimiento, síntesis del conocimiento espiritual y el saber de fe de san Ignacio de Loyola.

Con él exploramos los diferentes niveles de nuestra consciencia y gracias a los tres grados de la relajación meditativa desarrollamos nuestra consciencia del equilibrio y la paz interior.

Los ejercicios nos hacen reconsiderar nuestro pasado bajo el ángulo de lo positivo.

Así destruiremos en nosotros las valencias negativas, nacidas de las experiencias dolorosas de nuestra vida; el presente se encuentra reforzado por esta acción positiva.

Los ejercicios nos preparan para el futuro, pues este no es más que el resultado de nuestras creencias y de nuestro vivir. El presente es fuente de armonía y este trabajo sobre los parámetros del pasado y del futuro no tiene otro objetivo que el de reforzar nuestra presencia en el mundo.

San Ignacio ofrece así a cada uno la posibilidad de adquirir la calma y la fuerza interior necesarias para toda acción en este mundo.

Conseguir tal transformación no es atributo de unos pocos seres muy dotados. Cada ser posee en él esta luz de la que habla san Ignacio. Es necesario simplemente alimentarla y darle fuerza y vida. Tal es el objetivo de los ejercicios ignacianos.

La tensión

Nuestro cuerpo vive sometido a una tensión que a diario tiene que hacer frente a una auténtica agresión a sus sentidos.

Le ataca el ruido —inusitadamente violento e insidiosamente monótono—; le torturan desagradables olores hasta que le queda atrofiado el olfato; se ve sometido a mil y un estímulos que le exigen una respuesta inmediata a su agotado sistema nervioso.

Desde el momento en el que se levanta de la cama por la mañana hasta que se acuesta por la noche su vida consiste, casi siempre, en una constante actividad que violenta sus nervios.

Se levanta de la cama y muchas veces ni siquiera le ha servido de descanso el sueño de por la noche. Engulle el desayuno. Esa comida, mal masticada, pesa en su aparato digestivo durante todo el día. Sale disparado de su casa para meterse en el autobús o en el metro, donde viajará estrujado e incómodo. Allí encontrará un momento para ojear el periódico; pero la prensa no le proporcionará ningún calmante para sus nervios ya cansados. Se entera de crímenes y de violencia, de guerras y de amenazas de guerra.

Desde la estación hasta la oficina, nuestro Sr. Moderno tendrá que mantenerse alerta para evitar a otros ciudadanos cansados y el denso tráfico, en la oficina responsabilidad, trabajo intelectual, horas pegado al asiento ante una mesa en la misma postura.

Cuando acaba el trabajo del día, vuelta a la calle llena de gente… Este es el Sr. Moderno, atrapado en la vorágine de prisas y preocupaciones de la vida civilizada.

¿Y qué decir de la Sra. Moderna? Con el trabajo de la casa, la compra, el cuidado de los niños…, su tarea es, si cabe, aún más agotadora y agobiante.

Aun cuando estas circunstancias no coincidan exactamente con su caso, no me cabe duda de que las presiones y tensiones le resultarán familiares, y también el consiguiente agotamiento nervioso.

AGOTAMIENTO NERVIOSO

No es sorprendente que el agotamiento nervioso se haya corvertido en un mal tan corriente.

Pocos son los que no han experimentado sus síntomas, y casi a diario los apreciamos en otras personas.

¿Cuántas veces oímos a la gente exclamar, antes de que termine el día, que está que no puede más? El hombre de negocios vuelve a casa mostrando síntomas de agotamiento nervioso después de pasar el día en la oficina; el ama de casa después de hacer las compras; el maestro después de dar clase; la dependienta al salir de detrás del mostrador; el obrero de la fábrica al levantarse de su puesto de trabajo; el estudiante al apartarse de sus libros.

La naturaleza no tarda en hacernos saber cuándo vuelver a resentirse nuestros nervios, que hacen lo que pueden por tornarse el descanso que necesitan. Los síntomas de ello son una concentración debilitada y una eficiencia física y mental disminuida.

Nos irritamos fácilmente, tenemos los ojos hipersensibles a la luz, los oídos al ruido.

Nos metemos con los demás, siempre dispuestos a encontrar defectos y a discutir. Exageramos nuestros problemas y nos volvemos enfermizos e introspectivos. Quizá suframos de jaquecas y de extraños dolores y pasmos. Las noches se convierten en horas insomnes sin descanso, con la mente sumida en un mar de aprensiones.

Cuando aparecen estos síntomas de agotamiento nervioso, es una advertencia de que el cuerpo y la mente requieren descanso, descanso de calidad. Y, sin embargo, muchas veces hacemos caso omiso de la advertencia y pretendemos seguir la lucha. Semejante insensatez puede acarrear una invalidez crónica.

Algunas personas tienen sistemas nerviosos hipersensibles a los que nunca da reposo; otras tienen sistemas nerviosos estables que resisten bien el estrés de la vida moderna. Pero una tensión nerviosa prolongada es capaz de acabar con el sistema más resistente.

La tensión constante termina por cobrar inevitablemente su tributo a la salud y la eficiencia. Rostros tensos, posturas de abandono, comportamiento irritable, quejas de cansancio; todos estos síntomas de agotamiento nervioso los vemos a diario. Aumentan los trastornos cardiacos, la hipertensión, las úlceras de estómago, y otras consecuencias de la velocidad o del estrés de los tiempos.

El desgaste y cansancio nerviosos matan a millones de personas al año.

¿Hemos de aceptar esto como el precio que hay que pagar por nuestras conquistas sobre las fuerzas de la naturaleza, como una deuda que hemos de pagar por la civilización, para contrarrestar los logros de la electricidad, de la radio, de la televisión, de la fisión del átomo?

CONTRA EL ESTRÉS

Ya sea porque suframos de tensión nerviosa, porque queramos mejorar situación o que nos veamos afortunadamente libres de sus más graves síntomas y queramos seguir así, los principios de relajación y de conservación de energía que se enseñan en este libro te resultarán altamente beneficiosos.

En primer lugar, tendrás que aprender a conservar y almacenar energía. Esto implica reducir al mínimo las pérdidas de la misma. Solo así podrás esperar aumentar sus fondos de vitalidad.

En segundo lugar, tendrás que dar a tus nervios, músculos y mente períodos de descanso regulares; no un mero descanso, sino el descanso de más calidad. Esto se consigue con la relajación muscular y mental.

Si se pretende acabar con la tensión que va minando la salud, y mantenerla lejos de uno, hay que aprender las técnicas de relajación que permiten al cuerpo tomar un merecido descanso y recargar sus baterías.

Desgraciadamente, la relajación muscular y mental adecuada no se alcanza tan fácilmente como mucha gente cree. No es cuestión de tumbarse y descansar. La mayoría de las personas que más necesitan descansar tienen escaso control sobre los músculos del cuerpo. Durante años se han estado negando a trabar amistad con sus cuerpos, y ahora estos se niegan a obedecerles cuando se les pide relajarse.

En sucesivos capítulos aprenderás a conocer tus músculos, a estar en buenas relaciones con ellos y a hacerte su amigo para que así te obedezcan cuando les pidas que se relajen. Al mismo tiempo, se te enseñará a utilizar la mente como ayuda para una relajación perfecta.

La capacidad de dejarse ir y de relajarse ha salvado a mucha gente de crisis nerviosas, y todos aquellos que dominan este arte se dan cuenta de que poseen más salud y vitalidad gracias a ello.

Una vez que se sabe conservar la energía, en lugar de malgastarla se puede avanzar hasta llegar a tocar el ilimitado pozo de la energía universal que la naturaleza pone libremente a disposición de todos los hombres y mujeres.

Te darás cuenta de que no podrás obtener todos los beneficios de esta parte del trabajo si no has corregido esos malos hábitos que malgastan y desperdician la energía. De nada sirve tratar de sacar agua de un pozo si se utiliza un cubo lleno de agujeros.

Aprenderás a desterrar esa sensación de cansancio que aflige hoy día a tanta gente y lograrás tener energía para todo el día.

Por último, tendrás que dominar la mente. Una forma equivocada de pensar o un control emocional débil podrían destruir los beneficios que te proporcionarán las demás prácticas.

Así pues, en última instancia, habrás logrado un control mental y físico; es decir, un autocontrol.

Y como el profeta Joshua afirma con gran lucidez: «El dominio de uno mismo es el más grande imperio al que puede aspirar el hombre».

Comprobación de la pérdida de energía

Vamos a necesitar toda la energía de la que podamos hacer acopio y, lo que es lo mismo o más importante, si cabe, vamos a tener que conservar y restaurar esa energía para tenerla siempre a mano.

¿Qué pensaríamos de un tabernero que guardara la cerveza en barriles agujereados? Pensaríamos, con razón, que es un estúpido. Y, sin embargo, millones de personas permiten que se malgasten sus energías día tras día. Como en un barril agujereado, la energía se desperdicia inútilmente.

¿Es de extrañar que la gente se canse? Nunca le dan a su energía la oportunidad de recuperarse. Se pierde incluso antes de obtenerla.

Con esto, te darás cuenta de lo inútil que sería aprender a tener energía sin saber primero cómo conservarla y almacenarla para así poder dirigirla con utilidad.

Para guardar la cerveza en barriles y que salga por la espita cuando se quiera hay que tapar los agujeros; para almacenar la energía humana hay que acabar con todas las pérdidas, o al menos reducirlas al mínimo.

Si dormimos ocho horas de un sueño reparador, nos despertamos por la mañana frescos y dispuestos a entregarnos a otras dieciséis horas de actividad.

Durante las horas de sueño, nuestros cuerpos se encargan de reparar el desgaste de la actividad del día anterior, sustituyendo todas las células agotadas por otras nuevas, despejando los desechos de los tejidos, llevando alimento a todas las partes del cuerpo y fabricando unas reservas de energía suficientes para las exigencias de un nuevo día.

Ve jugar a un niño pequeño por la mañana. Parece rebosante de energía. Al atardecer ya se debilita la concentración que dedica a su juego. Cuando se le mete en la cama, cae dormido profundamente. A la mañana siguiente se despertará completamente fresco y recargado de energía.

El cansancio es una condición física natural en una persona sana que se corrige fácilmente con el descanso. Quienes pueden vivir al aire libre, llevando una vida natural, una actividad muscular sin esfuerzo mental o emocional prolongado, se sentirán agradablemente cansados al terminar su día de trabajo. Dormirán tan profundamente como un niño pequeño y se despertarán frescos.

Muy distinto de este cansancio muscular es el agotamiento nervioso.

La dieta, la respiración y otros factores de la salud hacen que algunas personas empiecen el día con mayor energía que otras. Pero igualmente importante es la utilización de esa energía, pues es la que determina el cansancio que se pueda sentir. Si permitimos que la vitalidad escape de nuestro cuerpo en movimientos físicos inútiles y en excesos emocionales, nosotros solos seremos los culpables de que nos sintamos enseguida cansados e irritables.

Si salimos por la noche al teatro, no dejamos la luz encendida en toda la casa. Cuando aparcamos el coche en el garaje, no nos dejamos el motor en marcha. Sin embargo, a diario asistimos a derroches de vitalidad como esos. Son una pequeña minoría los que han adquirido el arte de la conservación de la energía, mientras que la mayoría la derrochan en mil formas inútiles, sin buscar una ocasión de descanso, convirtiendo la menor tarea en algo extenuante.

Pérdidas de energía

El desasosiego

Es una de las principales formas de derroche de energía.

Es una manifestación del estrés de estos tiempos en que poca gente es capaz de quedarse sentada tranquilamente durante más de unos segundos.

Una vez que me encontraba en la biblioteca tomando apuntes de un libro de consulta, observé los siguientes movimientos en una chica que estaba frente a mí leyendo un libro:

Se pasó la mano por el pelo, chupó la pluma, se frotó la nariz, se rascó la mejilla, se inclinó a la derecha, se mordió el labio, tamborileó con los dedos de la mano izquierda sobre la mesa, frotó los pies uno contra otro, se sacó un zapato, se tiró del lóbulo de la oreja izquierda, golpeó el libro con la pluma, se frotó una mejilla, se pasó la mano por el pelo... ¡Todo eso en dos minutos!

Una persona inquieta, desasosegada, irrita a quienes se encuentran junto a ella. Y desperdicia energía con el movimiento; poca energía cada vez, cierto, pero una considerable cantidad al cabo del día.

He aquí algunos movimientos que malgastan energía. Pueden parecer triviales, pero cuando se suman a lo largo del día la pérdida se convierte en considerable:

a) Tensar los músculos de la cara, pasarse la lengua por los labios, mover y morderse los labios, morderse y comerse las uñas, revolverse, columpiarse en la silla, dar vueltas sin parar en la cama, estar de pie o paseando cuando se tiene oportunidad de estar sentado.

b) Movimientos de dedos y brazos, agarrar, empujar, tirar, retorcerse los dedos o las manos, tamborilear, golpear, cerrar y abrir los puños, juguetear con lápices, anillos, cuentas y otros objetos, hacer garabatos, rascarse la cabeza y el cuerpo, tirarse de la nariz, de las orejas, de la barbilla y del pelo. Manotear y gesticular.

c) Movimientos de los pies y piernas, apretarlos contra el suelo o contra un objeto, golpear el suelo, dar patadas, mover los dedos dentro de los zapatos, mover los tobillos, levantarlos, balancearlos, mover las piernas, flexionar y contraer los músculos, andar deprisa sin necesidad, ponerse de puntillas, apoyarse en un solo pie o apoyar el cuerpo sobre un pie.

Para comprobar todas estas pérdidas de energía tienes que estar atento. Cada vez que te pilles haciendo algún movimiento superfluo, ve qué acciones son y toma la resolución de no volver a caer en ellas.

Los orientales no han perdido el arte de reposar como lo han hecho los occidentales. El yogui indio puede pasarse horas sentado en el suelo con las piernas cruzadas sin que un temblor muscular estremezca las tranquilas aguas de su meditación.

Esa postura de estar sentado con las piernas cruzadas es excelente para descansar, pero los miembros del occidental normal, acostumbrado a sentarse en sillas desde edad muy temprana, no le permiten encontrarla cómoda.

A no ser que seas un entusiasta de la meditación mística, no sentirás deseos de pasarte horas sentado, aunque tuvieras la posibilidad de hacerlo.

Pero puedes contribuir al relajamiento de tu cuerpo y de tu mente tratando de estar quieto y tranquilo unos minutos al día. No será una pérdida de tiempo, te lo aseguro, pues obtendrás resultados beneficiosos.

Los lectores más jóvenes y ágiles pueden sentarse con las piernas cruzadas en un almohadón apoyando la espalda en la pared o en una puerta. Los lectores que no se sientan muy cómodos en esa postura, deberán sentarse en un sillón de respaldo recto.

Mantén la espalda erguida —pero no rígida— y coloca las palmas de las manos cómodamente sobre los brazos del sillón o bien sobre las rodillas con las palmas hacia abajo, lo que mejor te parezca. Si te sientas delante de un espejo, puedes observar los movimientos que surjan, como mover un dedo o levantar un pie.

Es sorprendente lo difícil que resulta quedarse sentado completamente quieto aunque sea unos minutos. Un gato puede estar quieto completamente relajado delante del agujero de un ratón y pasarse así una hora, pero pocos humanos son capaces de estarse sentados en un sillón cinco minutos sin hacer una docena de movimientos superfluos.

Sentado cómodamente, deja que tu cuerpo se relaje. Se puede lograr sin aflojar la postura. Empieza por el cuerpo cabelludo y los músculos faciales y ve bajando hasta los pies, relajando cada grupo de músculos por turno.

Cuando estés satisfactoriamente relajado, trata de quedarte quieto durante un minuto. Puedes controlar el tiempo sosteniendo un reloj en la palma de la mano. Cuando te parezca que ha pasado el minuto, mira el reloj, pero el resto del tiempo mantén los ojos fijos en tu imagen del espejo para que no se te pase el menor movimiento.

Puede ser un movimiento de la boca, levantar un dedo o desplazar un pie. El parpadeo es inevitable y no hay que tenerlo en cuenta. Al tratar de captar esos movimientos se puede estar seguro de que se tensan los músculos en el área del movimiento y, por tanto, de que se pierde la relajación. Pero con paciencia y práctica se conseguirá el resultado apetecido.

Añade cada día un minuto a la práctica hasta que seas capaz de sentarte cómodamente quieto y relajado durante al menos diez minutos. Esta capacidad de estarse quieto y relajado será muy beneficiosa. Podrás relajarte durante unos minutos en cualquier sitio. Podrás hacerlo en el autobús o en el tren al ir y venir del trabajo.

Lo podrás hacer en la sala de espera del médico o del dentista y tu trabajo te parecerá mucho más fácil al encontrarte relajado.

Posturas flojas

Una mala postura debilita la espina dorsal y perjudica al sistema nervioso. Exige un esfuerzo a los órganos internos. Todo eso equivale a una falta de eficiencia en el cuerpo y a una pérdida de energía.

Una buena postura es una postura natural, cómoda, que proporcione a los pulmones, corazón y demás órganos internos la oportunidad de funcionar con la mayor eficiencia posible. No tienes que sacar el pecho y echar los hombros para atrás cuanto puedas. Mantén la espalda recta y la barbilla alzada. Pero no parezcas un sargento, pues el esfuerzo de mantenerte perfectamente derecho puede constituir de por sí una pérdida de energía.

La mejor sugerencia que puedo darte para conseguir y mantener una postura correcta es ponerte alto. El querer ser alto basta para producir el porte correcto de cabeza y cuerpo. Muchos chicos y chicas, más altos que sus amigos para su edad, se encorvan como si les avergonzara su estatura y quisieran ponerse al nivel de los demás. Esa mala postura prevalece en la edad adulta.

Cualquiera que sea tu estatura, puedes sentirse orgulloso de ella y andar como si quisieras tocar el techo o el cielo con la cabeza.

Estudia tu porte en un espejo. Observa cómo te quedas en pie, cómo te sientas y cómo andas.

Decide cómo puedes mejorar tu forma de estar. Crea un nuevo hábito de postura que te vaya bien. Recuerda que una buena postura produce beneficios sociales, mentales y también físicos. La persona que se mantiene erguida, que es mesurada en sus movimientos, suele ser respectada por todos.

Trabajo

¿Estás seguro de trabajar con la mayor eficiencia posible y la mayor economía de movimientos y energía? Escribe todas las formas que te le ocurran para trabajar con mayor eficiencia —una de ellas puede ser mejorando la postura—.

El anterior apartado se refiere particularmente al amo de casa. Muchos hombres no se dan cuenta de lo cansado que resulta el trabajo de la casa hasta que tienen que hacerlo por sí mismos. Las amas de casa pueden reducir ese cansancio si trabajan con un plan elaborado.

Recuerda el valor de la pausa, de descansos breves, los períodos de relajación sensata son sin duda una forma de aumentar la eficiencia y productividad en el trabajo.

Vestimenta

Afortunadamente, ya se han pasado los tiempos en que los dictados de la moda exigían que la mujer fuera tan encorsetada que a veces llegaba a desmayarse, pero también es cierto que muchas mujeres siguen padeciendo molestias por su vanidad.

Los hombres, por su parte, suelen ponerse a veces cuellos duros que les oprimen para cuidar las apariencias, incluso en día de calor. Mientras que las mujeres llevan vestidos de algodón muy ligeros, ellos sudan embutidos en trajes totalmente inadecuados para tales temperaturas.

Una vestimenta apretada, de la clase que sea, consume energía. Pero no hay razón para que, con un poco de cuidado, vaya uno cómodamente vestido y al mismo tiempo resulte atractivo.

Pies cansados

Pasamos gran parte de nuestra vida de pie. Son nuestro principal soporte en las labores diarias. Nos apoyamos sobre ellos durante horas. Cuando algo no va bien en los pies, quedamos prácticamente desvalidos. Tenemos que cuidar mucho de ellos.

Si pudiéramos andar descalzos, tendríamos unos pies más fuertes y sanos, pero en nuestra vida actual es necesario llevar zapatos y, a no ser que podamos permitirnos llevar zapatos a medida, tenemos que conformarnos con los que nos ofrecen los fabricantes.

Si se antepone la elegancia a la comodidad en el calzado, luego no se podrá culpar a nadie por tener los pies doloridos o deformados. Las mujeres, por seguir la moda, están dispuestas a andar casi de puntillas, sin tener en cuenta el esfuerzo y tensión que eso supone para sus pies, tobillos y pantorrillas

Un calzado estrecho consume mucha energía. Los pies se congestionan y se inhibe el sistema nervioso. Los médicos saben que el dolor de pies puede causar trastornos en otras partes del cuerpo. De algunas personas puede decirse literalmente que los pies los matan.

Solo cuando la gente se dé cuenta del daño que hacen a sus pies y reclamen calzado más cómodo y más sano, podrá lograrse algo al respecto. Hasta entonces, ¿qué podría hacerse?

Puedes ayudar a tus pies emprendiendo una campaña de ser bueno con tus pies.

Lleva calcetines que no aprieten, pues los calcetines apretados restringen la circulación.

Elige tus zapatos con cuidado. Asegúrate de que el cuero es blando y flexible y de que tiene espacio para mover los dedos. Antepón la comodidad a la elegancia. No te preocupes de lo que opinen los demás. Te admirarán por tu sentido común.

Cámbiate con frecuencia de calcetines y de zapatos. Báñate los pies frecuentemente. Date masaje en los pies con frecuencia.

Quítate zapatos y calcetines siempre que tengas oportunidad. Trata de andar por casa descalzo. En verano, camina descalzo por el césped del jardín.

Estas sencillas reglas prácticas para la salud de los pies aumentarán tu vitalidad, pues habrás controlado uno de los principales escapes de energía.

Ocio

Observa ahora cómo pasas tu tiempo libre. ¿Consumes demasiada energía?

Lo haces si bebes o comes en exceso, juegas con demasiada intensidad o durante mucho tiempo, cometes excesos sexuales o te privas de horas de sueño reparador varias noches por semana.

Una chica que por su trabajo tiene que pasar muchas horas de pie no debería irse luego a bailar si quiere evitar el cansancio.

Un hombre cuya profesión le obliga a esforzar su mente sería un insensato si dedica sus horas libres a jugar a brincar o a resolver problemas de ajedrez.

Los *hobbies* y los juegos nos ayudan a relajarnos y a olvidar nuestros problemas. Deberíamos cultivarlos, siempre y cuando no consumieran energía vital. Los pasatiempos creativos como pintar o tocar instrumentos de música quizá sean la mejor manera de emplear el tiempo dedicado al ocio.

Examínate a ver si empleas tu tiempo libre lo mejor posible. Si la respuesta es negativa, reorganiza tus actividades de tiempo libre para conseguir una forma de vida más sana y relajada.

Emociones

Las emociones como cólera, odio, envidia, celos y miedo agotan nuestras energías si no somos capaces de controlarlas. La falta de control emocional acorta la vida.

Bajo tensión emocional, el cuerpo humano revela todos los síntomas de envenenamiento. Las técnicas de relajación corporal y mental que enseñaré en los próximos capítulos tendrán una influencia benéfica al aportar ecuanimidad y control a la vida emocional.

Ama tu cuerpo

El sistema nervioso humano es como una línea de teléfono compleja. Hoy día la línea puede quedar saturada. El hombre moderno se halla sujeto al bombardeo diario de mil y un estímulos que requieren una respuesta inmediata. Esto es algo con lo que tus antepasados nunca tuvieron que enfrentarse.

¿Es de extrañar que de vez en cuando la línea esté sobrecargada, confusa o se estropee con la tensión?

La única forma de enfrentarse con el problema es encontrar una manera de dar al sistema nervioso un descanso de gran calidad. Adquiere una nueva costumbre, un rato de relajación diaria, o más de uno si sufres una gran tensión nerviosa.

Recuerda que relajarse no consiste solo en tumbarse unos minutos —se pueden dormir diez horas y, sin embargo, despertarse rígido y cansado—. La relajación tiene que ser de gran calidad para asegurar una reparación total. Con la técnica que vamos a describir, incluso cinco minutos harán maravillas refrescando el cuerpo y la mente.

El método comprende seis etapas para dominarlo:

- Llegar a conocer los músculos por su nombre.
- Hablar con ellos.
- Hacer que se relajen cuando se les ordena hacerlo.
- Apoyar la relajación con atención dirigida.
- Apoyar la relajación controlando la respiración.
- Apoyar la relajación utilizando la imaginación.

Las tres primeras etapas no se logran si no se hace amistad con el cuerpo.

Los gimnastas, atletas y deportistas deberían conocer ya todo esto si han cuidado su entrenamiento, pero una nueva aproximación mental y una nueva disposición para practicarlo es siempre conveniente para quienes desde su infancia no han vuelto a tomar contacto con los músculos de su cuerpo.

Hay personas para quienes el cuerpo humano es algo desagradable. Hay quien se avergüenza de su cuerpo o quien lo odia porque lo asocia con dolor o enfermedad o porque su apariencia le hace daño a la vista. El cuerpo que no se ha desarrollado bien o que se ha dejado que se convierta en un feo monolito de grasa no resulta agradable de ver en un espejo.

Práctica esencial

La relajación muscular es un arte y, como cualquier otro arte, solo se domina con la práctica. Los métodos prácticos que aquí se dan deben estudiarse y aplicarse con cuidado porque establecen la base de una buena relajación.

En su primera visita a una piscina, un muchacho no aprenderá a nadar, a bucear y a moverse con la gracia de un experto. Primero tiene que aprender los distintos movimientos que requiere la natación perfecta.

Aprende los movimientos de las piernas y de los brazos y los métodos de respiración adecuados. Solo cuando los domina y es capaz de combinarlos en un movimiento rítmico podrá nadar correctamente; e incluso entonces podrá mejorar su arte, adquiriendo más experiencia y práctica con el tiempo, aprendiendo cosas nuevas y sacando cada vez más placer de sus logros.

Lo mismo puede decirse de cualquier arte, no se puede esperar del principiante la habilidad del estudiante aventajado con meses o años de práctica tras de sí. Estos hechos parecen demasiado evidentes para decirlos aquí y, sin embargo, los que buscan el alivio a sus nervios destrozados con la relajación esperan librarse de su tensión inmediatamente, nada más sentarse a descansar. Les sorprende descubrir que quedan restos de tensión en sus músculos parcialmente relajados por mucho que traten de hacerla desaparecer.

También ven que el no hacer nada da a su agotada mente la oportunidad de sumirse en alguna preocupación.

Agobiados por las inquietantes ideas que les rondan, y desanimados por su incapacidad de relajarse, abandonan la relajación creyendo haber fracasado y deciden combatir su tensión en una desigual batalla que solo puede terminar en derrota, pues cuanto más se combate agotamiento nervioso, más agudo se hace.

Es cierto que algunas personas avanzan más deprisa que otras. Gracias a alguna aptitud especial para el arte en cuestión, aprenden y adelantan con rapidez, alcanzando un alto nivel de pericia en una fracción del tiempo que tardan aquellos menos dotados que ellos.

La relajación le resultaría difícil a muchos; otros no tendrán mucha dificultad en dominarla. Pero desde luego no se domina en un día; se tardarán semanas, incluso meses, en desechar los productos de años de vida equivocada.

El tiempo que se dedica a la relajación no es tiempo perdido. Una vez realizado el esfuerzo inicial, se notarán los beneficios incluso en las primeras etapas.

Con la voluntad de hacerlo bien, y siguiendo atentamente las instrucciones que damos en estas páginas, no fracasarás. Puedes y debes relajarse.

Habla con tus músculos

El primer paso consiste en aprender los nombres y localización de los músculos y partes de tu cuerpo.

Tranquilízate pensando que están ahí, cualquiera que sea su desarrollo, y con solo contraerlos sentirás su presencia.

Lo que yo llamo hablar con los músculos se realiza con movimientos de contracción de los mismos. Se envía un mensaje a cada músculo o grupos de músculos y se contrae o se relaja a voluntad.

Quítate toda la ropa y ponte en pie delante de un espejo —de cuerpo entero, a ser posible—.

Cierra fuertemente los ojos y ábrelos alternativamente; de ese modo podrás contraer y relajar los músculos del cuero cabelludo y de la frente.

Siente los globos oculares haciendo girar las niñas de los ojos en sentido de las agujas de un reloj y luego en sentido contrario durante medio minuto, aproximadamente.

Para la mandíbula, realiza la sencilla operación de bostezar. Esto también sirve para la boca, pero un ejercicio adicional de utilidad es hacer una bola de aire y ponerla debajo de la mejilla izquierda para inflarla y mantenerla ahí durante un segundo, pasarla luego bajo el labio superior y volverla a mantener ahí durante un segundo.

Una vez más se pasa bajo la mejilla derecha y se mantiene otro segundo, antes de pasarla bajo el labio inferior. Repetir este ejercicio cinco veces.

Este es uno de los ejercicios simples para el rejuvenecimiento facial. No está muy generalizado el hecho de que los músculos de la cara responden tan bien al ejercicio como cualquier otro músculo.

Echa hacia atrás la cabeza y mira al techo, estirando así los músculos de la garganta. Mantén la postura durante cinco segundos antes de bajar la barbilla. Repite cinco veces.

Los músculos del cuello pueden tensarse girando la cabeza de un lado a otro, haciendo resistencia con las manos. También es posible mantener el nivel de la cabeza intentando girarla, pero evitándolo con las manos.

Así se convierte un ejercicio isotónico en contracción isométrica —estática—. La isometría, que es un ejercicio en el que no se mueve un músculo, se ha convertido en un ejercicio popular de gimnasia, y no tiene nada de particular, pues evita el sudor y el cansancio.

Junta las palmas de las manos y mantenlas frente al cuerpo, a la altura del pecho. Los brazos tienen que estar con los codos ligeramente doblados. Ahora adelanta los hombros y tira hacia abajo con las manos juntas.

De este modo sobresaldrán los trapecios. Los verás aparecer a cada lado del cuello en el espejo. Tensa y relaja estos músculos varias veces.

En pie, con los brazos pegados al cuerpo. Con el dorso de la mano hacia delante, levanta los brazos tensados hasta formar un ángulo recto con el cuerpo.

Mantén la posición durante tres segundos y luego volver a la posición original. El principal trabajo lo realizarán los deltoides anteriores. Ahora eleva las manos a cada lado del cuerpo, con los nudillos hacia fuera, hasta poner los brazos en línea con los hombros, utilizando los deltoides laterales.

Emplea los deltoides posteriores, llevando los brazos hacia atrás lo más posible.

Pon las manos sobre las caderas y, presionando con los dedos sobre las caderas, contrae los poderosos músculos dorsales. En la espalda se extienden en forma de grandes cuñas, por delante asoman bajo las axilas.

Pon las manos sobre los muslos. Relaja los músculos abdominales. Inclínate hacia delante ligeramente y, presionando con las manos, contrae los músculos abdominales.

Junta las palmas de las manos y mantenlas frente al cuerpo a la altura del pecho. Lo codos deben estar ligeramente doblados. Presiona las manos una contra otra y se verán en el espejo los músculos del pecho o pectorales contraerse.

Relaja y contrae los pectorales varias veces. Este es un ejemplo más de la contracción estática o isométrica.

Extiende ambas manos a cada lado del cuerpo hasta formar con los brazos una línea a nivel del hombro. Aprieta los puños y vuélvelos hasta que las palmas de las manos queden hacia arriba.

Flexiona los brazos y pon las manos sobre los hombros. Vuelve ahora las manos a la posición inicial. Hazlo muy lentamente, concentrándote todo el rato en los músculos tríceps detrás de la parte de la parte superior del brazo. Repítelo unas cuantas veces.

Delante del espejo, pon la mano derecha sobre la cabeza sin apretar. El codo tiene que estar en la misma línea que los hombros. Si no lo consigue, presione con la mano delante de la parte de la parte superior del brazo.

Contrae y relaja alternativamente el bíceps.

Extiende las manos con las palmas hacia arriba. Cierra y abre los puños para contraer y relajar los músculos del antebrazo.

Mueva las manos y los dedos en varias direcciones, estirándolos y relajándolos durante un minuto.

Ahora vamos con la parte inferior del cuerpo. En pie, con los pies separados, puedes tensar y relajar fácilmente las nalgas.

En pie, con los talones bien juntos, levanta un pie hacia atrás como si quisieras tocarte las nalgas con el talón.

Hazlo lentamente, sin mover la parte superior de la pierna; solo se mueve la pierna de la rodilla para abajo. Este movimiento contrae los bíceps del muslo. Repite el ejercicio con la otra pierna.

Da un paso hacia delante con una pierna para doblarla por la rodilla hasta formar un ángulo recto con el cuerpo y el muslo. Al descender, apunta con los dedos hacia abajo para pronunciar la contracción de los músculos de la pantorrilla.

Gira los pies y los dedos de los pies en varias direcciones durante aproximadamente un minuto, terminando por sacudirlos, dejándolos muertos del tobillo para abajo.

Así se completan sus conversaciones con los músculos y partes del cuerpo.

Practica estos controles a diario, siempre en el orden que acabamos de describir, desde el cuero cabelludo y frente hasta los dedos de los pies.

Más adelante relajarás los músculos en esta secuencia y, gracias al mejor conocimiento y control de sus músculos que te proporcionan estos ejercicios, podrás saber cuándo la tensión sigue atenazándote los músculos y serás capaz de suprimirla.

La realización diaria de estos controles de músculos puede abandonarse al cabo de dos o tres semanas; pero es mejor llevarlos a cabo con frecuencia, no solo para mantener el contacto, sino porque constituyen de por sí valiosos ejercicios físicos y mejoran la circulación, el metabolismo, el tono muscular y la coordinación neuromuscular.

Para una buena relajación

Se requieren ciertas condiciones previas para obtener mejores resultados. No son siempre fáciles de conseguir en este mundo ruidoso, enfebrecido, pero no hay que regatear esfuerzos cuando se aprende el arte de la relajación. Más adelante, cuando seas un experto, podrás relajarte en las condiciones más adversas.

Un actor que empezaba a aprender el arte de la relajación se dio cuenta de que por su temperamento le resultaba imposible progresar excepto en las más favorables condiciones; pero luego más tarde me dijo que era capaz de relajarse en cualquier parte. En los ratos libres de los ensayos, se tumba y toma un descanso de gran calidad a pesar del jaleo existente a su alrededor.

Estos son los requerimientos previos para una buena relajación:

a) Naturalmente, es mejor un lugar silencioso y, desde luego, es esencial en las primeras etapas. Más adelante podrás relajarse, como el actor al que nos referíamos antes, con cierto ruido y actividad a tu alrededor; pero mientras se adquiere la técnica es mejor el silencio.

b) El silencio relaja y favorece la tranquilidad mental. Aquellos que anhelan la vida espiritual buscan la paz interior y la revelación, no se van para ello a una feria o al baile, sino a una ermita de montaña donde la profundidad del silencio de la naturaleza les proporcione las mejores condiciones para su búsqueda.

c) Si el clima lo permite, el mejor lugar para relajarse es en un entorno natural. Un cielo azul apacible induce a la relajación y también el verde del campo; el azul y el verde son los colores más tranquilizantes.

d) Hay que procurar que no surjan interrupciones de_ tipo que sean, como ruidos bruscos, luces o ráfagas de viento. Lo deseable, naturalmente, es estar en un lugar solitario.

e) La luz distrae tanto como el ruido. Incluso con los ojos cerrados, los rayos de luz pueden traspasar los párpados. Por eso procura estar a oscuras, totalmente a oscuras si es posible.

f) La temperatura de la habitación no tiene que ser extremada. No se puede uno relajar si le agobia el calor o si le estremece el frío.

g) Es muy importante que el lugar donde te encuentres para relajares sea agradable; es decir, que debes sentirte a gusto en él.

Hay casas que parecen deprimirle a uno nada más entrar en ellas. En algunas casas existe un ambiente sombrío y opresivo y normalmente sus habitantes reflejan su entorno. También el ambiente de una habitación puede estropearse por asociaciones desagradables.

Una mujer que padecía de los nervios no podía de ninguna manera progresar en sus ejercicios de relajación en su casa, pero sí lograba un beneficioso descanso cuando se relajaba en casa de su hermana.

Descubrí que las habitaciones de su vivienda encerraban asociaciones que le resultaban desagradables. Por razones que no necesito divulgar, odiaba la casa en que vivía. Su entorno diario le resultaba doloroso y opresivo. No era de extrañar que tuviera los nervios mal.

Relájese en habitaciones claras y aireadas. Si hay algo en la habitación que le disguste, retírelo mientras dura su período de descanso.

f) Lávate antes de relajarse. Si no te da tiempo a bañarte o lavarte todo el cuerpo, al menos lávate la cara y las manos. Cierra los ojos y échate agua fría sobre los párpados durante medio minuto más o menos. Los pies son también una zona importante que deberías lavar para ayudar a conseguir la relajación.

g) Muchas personas dicen que escuchar unos minutos de música suave les produce un temple sereno que es un sedante previo a la relajación. Los que posean tocadiscos o magnetófono tienen una gran ventaja. Después hablaremos más extensamente del poder relajante de la música.

Técnica de la relajación

Quítate cualquier prenda de vestir que te apriete, como cuello, corbatas, sujetador, cinturón, etc. y también los zapatos.

Puedes relajarte en una cama, en un diván o en el suelo.

La superficie en la que te tumbes debe ser confortable; ni muy dura ni muy blanda. Esta última cualidad no es deseable porque se siente uno inconscientemente inclinado a resistir a la sensación de hundimiento que se experimenta y se provoca una reacción de tensión en los músculos.

En muchos aspectos, la mejor posición es en el suelo, utilizando una manta doblada o una alfombra para estar más cómodo. Se pueden poner cojines pequeños debajo del cuello, de los riñones y debajo de cada rodilla.

Túmbate bocarriba a todo lo largo del cuerpo, con la cabeza alineada con este. Las piernas tienen que estar juntas con los talones tocándose o casi. Los brazos quedan sueltos a lo largo del cuerpo y cerca de él.

Cierra los ojos y permanece perfectamente quieto. Guía tu atención para que parezca actuar como una linterna alumbrando los distintos músculos y grupos de músculos, que ahora deberán serte familiares. Esto significa comunicar con cada músculo preguntándole: ¿estás completamente relajado?

Ahora que ya habla con sus músculos, recibirá una respuesta. Si la respuesta es «sí» y el músculo está satisfactoriamente relajado, puedes pasar al siguiente; pero si la respuesta es «no» y detectas cierta presión, no pases a otra parte del cuerpo durante unos minutos, momento en el cual tendrás que dejar que desaparezca la tensión. Observa que relajarse no es hacer, sino dejar que se vaya algo.

El símil de la linterna es adecuado porque la acción de la atención paseándose sobre el cuerpo tiene que ser suave, sin esfuerzo e impalpable.

Repasa las diecinueve zonas enumeradas antes, de la cabeza a los pies. Empieza por los músculos del cuero cabelludo y de la frente. ¿Están relajados? Si es así, pasa a los ojos; pero si no, anímalos dulcemente a que se relajen más. Observa que decimos «anímalos dulcemente»; no tiene que producirse esfuerzo. Déjalos a su aire; eso es todo.

¿Y los ojos?, ¿están relajados o detectas alguna tensión? Trata de abrirlos y de imaginar que los párpados te pesan cada vez más durante unos cinco segundos. Al quinto segundo tienes que sentirlos tan pesados que no te permiten mantener los ojos abiertos.

¿Tienes la mandíbula relajada? Si no es así, abre y cierra la boca durante unos minutos, Los labios y la lengua también tienen que estar relajados.

¿Y la garganta? No tiene que sentirla agarrotada. Si el cuello se halla en tensión, te ayudará hacer rodar la cabeza libremente de un lado a otro, de arriba abajo, durante unos minutos.

Encógete de hombros tranquilamente y así podrá relajar mejor los trapecios en la parte alta de la espalda.

¿Están los hombros relajados? Recuerda que se componen de tres partes: anterior, lateral y posterior. Piensa en las tres partes cuando los dejes sueltos.

Ahora «los músculos dorsales», que es la parte de los omóplatos. Asegúrate de que esos músculos de nombre tan importante están relajados.

Comunícate con los pectorales. No te resultará difícil relajarlos si has practicado los controles que indicábamos en el capítulo anterior.

¿Y la importante región abdominal? Aquí te ayudará meter y luego relajar los músculos varias veces. Es fácil sentir la tensión en esta área, y se debe eliminar inmediatamente.

Ahora ocúpate de los brazos, de los hombros hacia abajo. Primero el brazo derecho.

¿Está relajado el tríceps derecho, detrás de la parte superior del brazo? Muchos creen que la parte superior del brazo solo tiene el bíceps, pero el tríceps ocupa aproximadamente los dos tercios de ella.

Ahora dirige tu atención al bíceps. Ve si está totalmente relajado.

Luego pasa al antebrazo. Al igual que la pantorrilla, esta parte del cuerpo tiene que realizar un gran trabajo. Lo sentirás tenso si cierra el puño. Trata de que desaparezca toda la tensión del antebrazo derecho.

Al relajar el antebrazo es importante tener la mano y los dedos relajados. Tienen que estar tan sueltos como un guante vacío.

Después de relajar el brazo derecho lo mejor que puedas, recorre el brazo izquierdo de forma parecida.

Ahora tienes que relajar el cuerpo de cintura para abajo.

Comienza con las nalgas; luego relaja primero la pierna derecha, después la izquierda.

Tras relajar las nalgas, avanza hacia la parte posterior del muslo derecho —el bíceps que flexiona la pierna igual que el bíceps del brazo flexiona el brazo—. Deja que desaparezca la tensión.

Ocúpate luego de los músculos frontales del muslo, que extienden la pierna y que se tensan cuando se dobla la rodilla.

A continuación, siguiendo hacia abajo, se encuentra el músculo de la pantorrilla, que tan duro trabajo realiza.

Sacudiendo ligeramente toda la pierna, se relajan mejor los tres grupos de músculos anteriores. Imagina la pierna tan suelta como una pernera de pantalón vacía.

Completa la relajación de la cabeza a los pies ocupándote de los pies. Agítalos y muévalos libremente del tobillo para abajo.

Vigila la tensión de la pierna izquierda bajando desde la parte posterior del muslo hasta los dedos de los pies, igual que acabas de hacer con la pierna derecha.

Así se completa la etapa que yo llamo «atención dirigida».

Utiliza la mente

Observarás que durante todo el tiempo en que has estado relajándote has utilizado la mente. Te has comunicado con los músculos en una especie de juego de preguntas y respuestas mudas. Tu mente ha estado trabajando, aunque de forma suave, todo el rato. Esto seguirá ocurriendo aun cuando hayas alcanzado el estado en que te puedas tumbar y permanecer quieto, beneficiándose de todas las ventajas que te proporcionará un descanso de primera clase.

Esto sorprenderá a quienes crean que la relajación es «tener la mente en blanco». Tal idea es la que lleva a mucha gente a abandonar la relajación por considerarla imposible en su caso. Algún artículo de revista les ha aconsejado que se tumben y dejen las mentes en blanco.

Lo intentan y descubren que, en cuanto vacían sus mentes de ideas, acuden en tropel las preocupaciones recientes, los temores y los deseos a su conciencia.

Las dos últimas etapas de nuestro método de relajación también en el ritmo respiratorio, la segunda para dirigir el poder de la imaginación hacia la visualización.

CONCENTRACIÓN EN LA RESPIRACIÓN RÍTMICA

Nuestro ritmo respiratorio se acelera cuando nos encontramos excitados y presionados. Cuando estamos tranquilos, se hace más lento,

San Ignacio de Loyola lo descubrió en su tiempo y puso ese conocimiento en práctica con su sistema de controles de la respiración y meditación, de forma que pudiera cultivarse la serenidad al hacer más lento el ritmo respiratorio y concentrar la mente en ese ritmo.

Puedes colaborar a la relajación ahora observando tu respiración. Tiene que ser lenta y rítmica. Inhala lentamente hasta llenar los pulmones de aire —no demasiado—; entonces exhala el aire lentamente y del todo, también por la nariz.

Al comprobar y darte cuenta de tu ritmo de respiración, verás cómo aumenta la calidad de tu relajación.

Visualización

Todos nosotros utilizamos en algún momento el poder de nuestra mente para proyectar escenas ante los ojos de la mente.

Tenemos nuestro cine privado en el que somos únicos espectadores.

Cuando la representación que vemos en el cine de nuestra mente es agradable a la vista, su efecto sobre el cuerpo es sedante y relajante.

Cuando vamos al cine, tenemos que aceptar la película tal como es. Si no resulta de nuestro agrado, nada podemos cambiar.

Con nuestro cine mental, sin embargo, podemos proyectar las películas que queramos y utilizar las amplias filmotecas de nuestros recuerdos. Pero tenemos que tener cuidado en la selección de las imágenes.

Relájate y proyecta ante el ojo de la mente una escena tranquila.

En el recuerdo estoy dormido bajo las palmeras y sueño...

Imagínate tumbado de espaldas, relajado bajo un sol caliente y un cielo azul inmaculado. Puedes estar sobre un lecho de hierba en el campo, a la orilla de un río apacible o sobre la arena de una playa junto al mar; o bien, si lo prefieres, puede ser una noche cálida, después de la puesta del sol, con el cielo salpicado de estrellas. Pero tienes que elegir el escenario entre estos que acabamos de describir.

Saca partido a los colores del escenario. Velo, como si dijéramos, en un «glorioso tecnicolor», con esa gama de azules y verdes tan sedantes para los nervios.

Vive el momento con toda la realidad de que la seas capaz, siente el calor del sol y la brisa acariciándote el rostro, oye el suave murmullo de las olas del mar rompiéndose en espuma sobre la arena dorada.

Siéntete feliz en tu relajación. La felicidad puede ser tan contagiosa como la tristeza. Sonríe, no solo con la boca y los ojos, sino con todo el cuerpo, con cada célula viva. Siente la tensión fluir y salir de la mente y del cuerpo.

Cuando te levantes después de la relajación, te sentirás maravillosamente feliz y fresco.

Es grande el poder de la imaginación.

Pero hay dos cosas que se deben evitar. La representación mental no tiene que tener ni actores ni acción.

La inclusión de un ser humano puede provocar alguna emoción o tensión emocional incompatible con la serenidad mental.

También la acción, de la clase que sea, provocará un deseo de movimiento que desembocará en tensión.

Experimentos en laboratorio han demostrado que, al visualizar alguna acción, los músculos se contraen por mimetismo.

El hálito de la vida. Respira y destierra la tensión

«Respirar es vivir». Toda la vida animal, y la vida de las plantas también, requiere aire para existir. La respiración es tan vitalmente necesaria como el alimento y el agua, de hecho, aún más, pues la muerte puede sobrevenir al cabo de horas para los que no comen, y al cabo de unos minutos para quienes no respiran. Respirar es, por tanto, la función más fundamental del cuerpo humano.

La pureza de nuestra sangre depende de la oxigenación de nuestros pulmones. Si los pulmones no reciben aire fresco suficiente, la circulación sanguínea se hará sin que la sangre quede purificada.

Cargada de impurezas y sin oxígeno, llegará a cada célula, a cada tejido, músculo y órgano del cuerpo.

El cerebro y el sistema nervioso no recibirán nutrición suficiente y se producirá un descenso en la eficiencia.

También los procesos digestivos sufrirán con ello, pues no podemos absorber el alimento suficiente de lo que comemos y bebemos si estos no están bien oxigenados, de donde se deduce que es esencial que nuestra respiración sea lo más completa posible. Y, sin embargo, ¿cuántos hombres y mujeres civilizados son capaces de afirmar con sinceridad que pueden respirar correctamente? Muy pocos, desde luego, pues los resultados de una respiración deficiente pueden verse en el pecho poco desarrollado y en la apatía de muchos de nuestros congéneres.

Si viviéramos vidas naturales al aire libre, podríamos respirar natural y profundamente. Una respiración superficial es otro de los gastos que contabilizar en el debe de la civilización.

Una respiración completa

Hay varias escuelas aparentemente conflictivas en el tema del método para respirar. Algunas autoridades sanitarias nos aconsejan que nuestra respiración debe ser abdominal, utilizando solo la parte baja de los pulmones. Los profesores de declamación nos dicen que debemos utilizar la parte media de los pulmones. El instructor de educación física, que pretende que nuestros pechos tengan proporciones viriles, nos enseña a respirar con la parte alta de los pulmones, metiendo el abdomen y levantando el tórax como si quisiéramos tocarnos la barbilla con él.

Cada uno de estos tres métodos de respiración se acomoda a los propósitos de quienes los aconsejan. La respiración abdominal es buena para la salud, la respiración media es ideal para declamar, la respiración alta ensancha la caja torácica.

Pero si queremos inhalar el máximo de aire fresco, y ya hemos visto lo importante que es hacerlo, tenemos que respirar profundamente utilizando las tres partes de nuestros pulmones.

Respira hondo

Cuando a una persona corriente se le dice que respire hondo, se traga una buena cantidad de aire por la boca y ensancha el pecho como un sargento que se pone firme. Lo cierto es que así se utiliza solo una fracción de la capacidad de los pulmones.

Piensa en tus pulmones como si tuvieran tres compartimentos separados: el bajo, el medio y el superior. En realidad, naturalmente, esos tres compartimentos no existen, pero si utilizas esta representación, podrás aprender mejor la técnica completa de la respiración.

Inhala por la nariz, lenta y deliberadamente. Al hacerlo, represéntate la parte baja de los pulmones llenándose de aire, igual que si estuvieras inflando un globo con forma de salchicha. Sigue inhalando hasta llenar el centro y luego la parte superior de los pulmones.

Estas tres etapas se acompañarán de los correspondientes movimientos del cuerpo. Al llenar la parte baja de los pulmones, los músculos abdominales se expanden; en la parte central se expanden las costillas, y en la parte alta la caja torácica.

Aguanta la respiración solo un segundo, el tiempo que se tarda en decir «mil ciento uno», antes de exhalar. La exhalación tiene que ser también lenta y deliberada y en ella se da el proceso inverso a la inhalación. Se vacía primero la parte superior, luego el centro y luego la parte inferior de los pulmones, en ese orden.

Tanto la inhalación como la exhalación tienen que ser regulares e iguales. Y, aunque queramos que la respiración sea profunda, no por eso tiene que ser incómoda. Deseamos que la respiración sea profunda y natural, no forzada y fatigosa.

Respirar —inhalar y exhalar— debe hacerse por la nariz. Así es como lo previó la naturaleza. Hay unos pelillos finos en la nariz que actúan como filtros, reteniendo los gérmenes y el polvo.

Si tienes la perniciosa costumbre de respirar por la boca, contrólala ahora. Durante algún tiempo tendrás que vigilarte, pero vale la pena molestarse.

Por las mañanas, antes de desayunar, y en otros momentos adecuados del día, haz unos minutos de respiración completa. Respira por la nariz, llenando lentamente la parte baja de los pulmones; luego el centro; por último, la parte de arriba. No son tres movimientos distintos, sino un solo ejercicio continuado.

En épocas de tensión emocional o nerviosa, la respiración se hace superficial. Una respiración profunda en esos momentos alivia la tensión y ayuda a mantener el cerebro claro y alerta.

Tras una semana de práctica, tu respiración se hará naturalmente profunda y completa y habrás adquirido una nueva costumbre cuya recompensa será un aumento de la energía y de la salud.

Ejercicio de estirarse

El ejercicio es necesario para la salud del cuerpo y la eficiencia.

El ejercicio acelera la circulación, al enviar la sangre rápidamente a todo el cuerpo, llevando alimento y barriendo desperdicios y venenos que provocan cansancio.

El ejercicio estimula el metabolismo del cuerpo y mejora la eliminación.

El ejercicio aumenta la actividad respiratoria. Crece la capacidad pulmonar y con la respiración profunda se ensancha y desarrolla el tórax.

El ejercicio fortalece las fibras musculares del corazón y aumenta su eficacia.

El ejercicio favorece el equilibrio interno y aumenta la resistencia a la enfermedad.

El ejercicio nos mantiene activos hasta la vejez. Ojeando unos recortes de periódico sobre personas centenarias, observo que una y otra vez aparece el mismo tema: «Trabajo en el jardín...», «corto leña...», «doy paseos diarios...», «me mantengo activo...».

El deporte, los juegos al aire libre y la cultura física, que ejercitan el cuerpo de forma armoniosa, resultan de gran valor, sobre todo si le permiten a uno al mismo tiempo beneficiarse del aire fresco y de la luz del sol.

«Me doy paseos todos los día». Andar en uno de los mejores ejercicios. Toma la determinación de darte un paseo a paso vivo todos los días.

Además de las actividades recreativas, hay que hacer alguna clase de ejercicio por la mañana y por la tarde en casa. Esa parte del maravilloso sistema de control del cuerpo y de la mente formulado por san Ignacio procura un ejercicio incomparable para hacer en casa. No son agotadores y favorecen la salud interna.

Los ejercicios de contracción estática o isométricos fortalecen y tonifican los músculos del cuerpo. Y, sin embargo, solo ocupan dos o tres minutos diarios.

Mucha gente dice que no tiene tiempo de hacer ejercicio a diario, pero esto no suele ser más que una excusa para evitar llevar a cabo algo que les disgusta profundamente. Con levantarse diez minutos antes, estaría resuelto el problema.

Estirarse

Si queremos ver el arte de la relajación en su esplendor, observemos al gato. Mira un gato a la espera y observa que cada uno de sus músculos está relajado, todo el cuerpo inmóvil y descansado. Y, sin embargo, nos damos cuenta de que el gato no está dormido, sino muy alerta.

Recibimos una impresión de poder en reposo, una impresión corroborada por la extraordinaria velocidad, agilidad y habilidad con las que salta sobre su presa.

Qué diferencia con el humano, en tensión y sin energía, que espera antes de que le reciban para una entrevista importante o antes de emprender una tarea difícil.

Una de las cosas más importantes que se aprenden del estudio de un felino es la importancia de los movimientos de estirarse en la relajación.

Estirarse —como bostezar y suspirar— es una forma de relajación, y lo mismo que la naturaleza nos permite bostezar cuando estamos cansados, también quiere que nos estiremos y retorzamos nuestros músculos cuando se ponen rígidos y se cansan con el exceso de trabajo, la tensión prolongada, o una mala postura. Estirarse es algo natural y agradable.

Los movimientos con los que se estira el gato, los hace con un gozo casi sensual, pero no por ello dejan de ser eficaces.

Estirarse es un ejercicio natural que necesita el cuerpo, especialmente cuando el trabajo es sedentario. Al estirarse se corrige una mala postura, se mejora la circulación y el metabolismo del cuerpo. Lleva vida a los músculos, alivia la tensión.

Los cuatro ejercicios que damos ahora te proporcionarán bienestar sin cansarle. Refrescan y no cansan.

Ejercicio 1

En pie, muy derecho, con los pies ligeramente separados. Los brazos rectos a lo largo del cuerpo, con los puños cerrados y los nudillos hacia el frente. Esta es la posición inicial.

Mueve los brazos hacia atrás. Levanta los puños lentamente hacia atrás lo más que puedas sin inclinar el cuerpo hacia delante. El cuerpo tiene que estar derecho y firme todo el tiempo. Mantén esa posición durante diez segundos.

La segunda parte del ejercicio consiste en ponerse de puntillas, abriendo las manos y estirando los dedos. Levanta la barbilla hasta formar un ángulo como de 45°.

Estírate como si quisieras tocar el techo con la cabeza y al mismo tiempo la pared de atrás con los dedos de las manos. Sentirás cómo se estiran pecho, hombros, espalda, piernas y brazos, en particular los tríceps, detrás de la parte superior de los brazos.

Mantén la posición durante unos diez segundos; luego relájate, apoyando los talones en el suelo, bajando la barbilla y dejando caer libremente los brazos junto al cuerpo.

Ejercicio 2

Misma posición inicial que para el ejercicio 1. Esta vez, con los brazos estirados, levanta los puños en un movimiento circular por los lados hasta que se encuentren por encima de tu cabeza.

Durante todo el tiempo, los nudillos miran al frente.

Extiende los brazos hasta ponerlos en cruz. Levántalos apuntando hacia el techo y cuenta hasta 10. Luego ponte de puntillas, abre las manos y estira los dedos. Estírate como si quisieras tocar el techo con la punta de los dedos, ayudando el movimiento echando la cabeza hacia atrás. Bosteza si quieres y ejercita al mismo tiempo los músculos del rostro.

Cuenta hasta diez; luego descansa bajando la barbilla y los talones y dejando caer libremente los brazos a lo largo del cuerpo.

Este ejercicio es bueno para todos los músculos del cuerpo.

Ejercicio 3

Para este ejercicio hay que utilizar el respaldo de una silla o de un sillón. En pie, a una distancia del largo de un brazo del respaldo; abre las piernas e inclínate hacia delante doblando la cintura hasta que la parte superior del cuerpo quede paralela al suelo.

Con los brazos, rodea el respaldo y agárrate a él con una anchura igual a la de los hombros. Las piernas permanecen rectas, sin doblar las rodillas. Esta es la posición inicial. Transfiere el peso del cuerpo de los pies a los brazos, poniéndote de puntillas sin doblar las piernas.

Levanta la barbilla y estira la cabeza como si quisieras llegar al techo.

Mantén esta postura mientras cuentas hasta diez; luego vuelve a la posición inicial con los brazos extendidos. Hazlo diez veces.

Ejercicio 4

Tumbado de espaldas en el suelo o una cama, con los brazos a lo largo del cuerpo, las palmas de las manos hacia abajo. Levanta los brazos sin doblar los codos, formando un semicírculo, hasta colocarlos detrás de la cabeza.

Sin doblar los brazos, estíralos hacia la pared detrás de ti, y las piernas y los dedos de los pies hacia la pared de enfrente mientras cuentas hasta diez. Luego relaja todos los músculos y vuelve los brazos a su posición inicial. Repítelo tres veces.

Sueño de calidad

Los científicos aún no se pusieron de acuerdo sobre la exacta naturaleza del sueño. Se han propuesto varias teorías —como la de Pavlov y otros— que no nos atañen aquí.

Sin embargo, quizá le interese conocer algunas de las cosas que le ocurren a su cuerpo durante el sueño. Por una parte, se da una relajación muscular general. Hay una pérdida del control que nos mantiene en pie, por lo que, hasta cierto punto, uno literalmente «cae» dormido.

Desciende la temperatura y se hace más lenta la respiración y también el ritmo cardiaco. La mayoría de los órganos internos, si bien no cejan en sus trabajos, se toman un descanso al hacerlos más lentamente.

Sea lo que sea el sueño fisiológicamente, lo cierto es que las personas lo necesitan... y lo agradecen.

«¡Oh, el sueño es cosa muy agradable. Apreciada de polo norte a polo sur!».

Gracias al sueño se recupera uno del cansancio de los deberes y actividades diurnos. Se recargan las baterías, como si dijéramos, y se despierta uno fresco, dispuesto a emprender un nuevo día con ánimo…, o no. Se pueden dormir diez horas y al despertar sentirse cansado.

Eso se debe a que el sueño no es de gran calidad. Quizá sea un sueño superficial; quizá sea un sueño interrumpido; puede ser un sueño que llega tras varias horas de dar vueltas y más vueltas en la cama.

El campesino que trabaja en el campo de sol a sol duerme profundamente. Es el hambre de la ciudad, con los nervios destrozados, el que no recibe todo el beneficio de una noche de descanso, como pretende la naturaleza.

¿Cuántas horas?

Antes de pasar a ocuparnos de los métodos para procurarse un sueño de calidad, consideraremos la cuestión de cuántas horas se necesitan.

En 1864, una muchacha italiana de quince años, llamada Bettina Pieri, se acostó y durmió hasta su muerte, setenta y tres años después.

Una francesa, Marguerite Boyenal, durmió de 1883 hasta su muerte en 1902.

Una sueca, Carolina Karlsen, se echó una «siesta» que duró treinta y dos años.

En contraste con estos ejemplos de dormilones, un italiano, el doctor Ferdinando Pavoni, abandonó la costumbre de dormir siendo estudiante y no volvió a dormir en los restantes sesenta años de su vida.

Dijo: «Soy un reloj andante. Sigo el paso de cada minuto».

Por interesantes que resulten estos casos raros, lo que aquí nos ocupa es la cantidad de sueño que necesitan los seres humanos corrientes.

Ocho horas parecen adecuadas para la mayoría de las personas —pese a la opinión de Napoleón, que decía que seis horas bastaban para un hombre, siete para una mujer y ocho para un tonto. Los niños y los adolescentes necesitan más sueño; los ancianos menos.

Pero lo que cuenta es la calidad. Seis horas de sueño profundo valen más que diez de sueño ligero.

Duerme bien

Los consejos que damos en otros capítulos de este libro le ayudarán a mejorar la calidad de su sueño. Esto es especialmente aplicable a la relajación muscular que explicamos en el capítulo 4, dado que la relajación muscular es una de las condiciones primordiales del cuerpo en el sueño profundo.

Las condiciones previas para los momentos de relajación, descritas al comienzo del capítulo 4, valen también en este caso.

Su dormitorio y su cama son elementos importantes, pues pasa usted en ellos un tercio de su vida. Hay que eliminar cualquier ruido molesto y hay que suprimir la luz o reducirla al mínimo. La temperatura del dormitorio no debe ser extremadamente fría ni calurosa. Un lecho demasiado blando puede ser tan incómodo como uno demasiado duro. Vale la pena molestarse en buscar la cama adecuada.

Relájese y Duerma

Mucho peor que cualquier trastorno físico que pueda causar el insomnio es el daño inferido por la ansiedad que suele acompañarle. Quienes no logran conciliar el sueño buscan desesperadamente la forma de acabar con una situación que sienten que es anormal.

Temen que de seguir así llegarán a padecer grandes problemas de salud.

La realidad demuestra que esos temores son en su mayor parte imaginarios. Los médicos conocen casos de pacientes que padecen insomnio crónico desde hace veinte años o más sin que mueran prematuramente ni padezcan enfermedad grave. La persona normal que pierde el sueño hasta muy tarde padece algún dolor físico o trastorno emocional que está minando su salud; pero, en el caso de insomnio crónico, la naturaleza está haciendo trampa.

El doctor Pavoni descubrió que no necesitaba dormir. No enfermó de preocupación por ello. Lo aceptó y sacó partido del tiempo sobrante que tenía a su disposición.

Así pues, si padeces insomnio, ¡no te preocupes! Cuando te acuestes, olvídate del sueño. Piensa solo en relajarse y se acabó, es probable que el sueño venga cuando menos lo esperes. Du Bois, en su *Tratamiento de los trastornos nerviosos* afirma: «No busque el sueño; se escapa volando como una torcaz cuando se le persigue».

El mismo consejo es aplicable a la persona normal que por un trastorno emocional o por otra razón no logra conciliar el sueño.

Si no consigues dormir, no des vueltas y más vueltas en la cama ni estés constantemente encendiendo la luz a ver qué hora es, pensando: «Si no me duermo pronto, mañana por la mañana estaré hecho polvo».

Esto provoca una pérdida de energía mayor que la falta de sueño. Piensa únicamente en sacar el mayor partido al descanso y a la relajación. Utiliza la técnica descrita en el capítulo 4, recorre mentalmente todos los músculos del cuerpo pidiéndoles que se relajen. Ya vendrá el sueño; pero, si no es así, la relajación hará que quedes suficientemente descansado.

La mayor parte de las personas relajan el cuerpo y ayudan a provocar un sueño profundo tomándose un baño templado y un vaso de leche caliente. Una mente inquieta ahuyenta el sueño o hace que sea de mala calidad. No te lleves los problemas a la cama.

Algunas personas se ayudan realizando una especie de ritual, como borrar la hoja del calendario y decir en voz alta o para sí: «Se terminó el día y se acabaron los problemas y las preocupaciones. Ya no se puede hacer nada más. Voy a dormir profundamente y por la mañana me levantaré fresco, dispuesto a enfrentarme y a vencer en el reto de un nuevo día». Esta especie de autosugestión puede ser de ayuda si se le da una oportunidad y no se piensa que es una tontería.

Forma ciertos hábitos de dormir y utiliza la fuerza de la sugestión. Deja que el ritual del sueño y los objetos de tu dormitorio «sugieran» el sueño. Esto significa acostarse siempre a la misma hora y hacer las mismas acciones hasta que se conviertan en una costumbre.

Durante media hora antes de ir a dormir, escucha música sedante y ocupa la mente con cosas agradables. Esto último se puede conseguir con un buen libro. La importancia de la música y de la lectura se tratarán en un capítulo posterior.

Una mente tranquila y un cuerpo relajado aseguran un sueño reparador.

COMIDA SANA

Hoy día, una mala alimentación causa más estragos en la salud que cualquier otro factor. La sociedad humana se encuentra tan afectada por los males de una dieta equivocada y de malos hábitos alimenticios que se impone una reeducación completa en lo que a dietética se refiere.

Si en los colegios e institutos se enseñara la ciencia de la nutrición, la clientela de médicos y hospitales disminuiría considerablemente y todos serian más sanos y más felices.

Por paradójico que resulte el ayuno, como el provocado por ejemplo por la guerra, puede beneficiar a la salud de la gente.

Consideremos la posición de los daneses en la Primera Guerra Mundial. La mayoría del grano que necesitaban para alimentar a sus cerdos y ganado procedía de allende los mares y su suministro quedó cortado por el bloqueo británico.

Gran parte de los cerdos del país tuvieron que ser sacrificados y también bastantes vacas. El grano que antes debiera ir destinado a los cerdos, fue consumido por las personas.

El pan fue realmente integral. ¿Basto? Quizá, pero contenía una riqueza nutritiva que no proporcionaba el pan hecho con harina refinada. El resultado fue que la salud mejoró en los años de la guerra y la mortalidad descendió en el plazo de dos años en un 17 por 100.

Tomemos ahora un ejemplo más reciente. La nación británica durante la última guerra era una nación sana. Tuvieron que planificar una dieta. El pan era moreno. La gente recibía instrucciones sobre vitaminas. A los niños se le daba zumo de naranja a discreción y aceite de hígado de bacalao, y eran niños muy sanos a pesar de los tiempos tan terribles que corrían.

ALIMENTOS NATURALES

Tiene usted que basar su dieta en alimentos naturales.

El hombre es un animal. Cierto que es el más perfecto de los animales, el creador de máquinas poderosas y de grandes obras de arte: pero en lo referente a asimilación y utilización por el cuerpo de la comida tiene que obedecer las leyes de la naturaleza igual que hacen instintivamente los animales inferiores, comiendo solo los alimentos necesarios para la salud y por su eficacia.

El hombre civilizado para halagar a su paladar ha cometido el error de destruir el valor nutritivo natural de los alimentos a base de refinarlos. Para que la comida resulte más apetitosa, le añade más de setecientos productos químicos diferentes, y muchos de ellos le son casi desconocidos.

La verdadera dieta natural la siguen las personas que viven en las montañas de Bulgaria, y pueblos como los bunzas se dice que son los seres más sanos del mundo.

Los bunzas nada saben de la ciencia de la nutrición, pero la naturaleza les proporciona una dieta perfecta; igual que las aves y los animales en su hábitat normal reciben la dicta adecuada a sus necesidades.

Pero, aunque quisiéramos, no podríamos ir inmediatamente a vivir a las montañas y valles de Bulgaria o del Himalaya, aunque si así lo hiciéramos, llevaríamos vidas sencillas y sanas.

La solución no está en escapar del estrés y la velocidad de la civilización moderna, sino en enfrentarse a ella y dominarla, en seguir mental y físicamente el paso que marca el progreso humano.

Este problema es la motivación de este libro, y en ningún plano se pueden conseguir resultados más prácticos y valiosos que en la cuestión de la dieta alimenticia.

SUSTANCIAS NUTRITIVAS

Para que el cuerpo humano reciba todas sus necesidades en combustible tiene que contar con ciertos constituyentes químicos de la comida llamados sustancias nutritivas. Estos son hidratos de carbono, proteínas, grasas, minerales y vitaminas

La dieta del británico y del norteamericano medios está sobrecargada de alimentos feculentos carbohidratados, por lo que puede producirse una carencia de minerales y vitaminas. Esto es posible subsanarlo comiendo verduras y frutas frescas.

Toma algunas todos los días. Existe una gran variedad donde elegir.

Verduras: Alcachofa, espárrago, judía, remolacha —incluidas las hojas—, brécol o brócoli, col de Bruselas, col, zanahoria, coliflor, apio, pepino, col rizada, puerro, lechuga, champiñón, mostaza verde, cebolla, perejil, chirivía, guisante, pimiento, patata, rábano, espinaca, tomate, nabo, berro...

Frutas: Manzana, albaricoque, aguacate, plátano, mora, cereza, arándano, pasa, dátil, higo, grosella, uva, pomelo, limón, lima, nectarina, naranja, melocotón, piña, pera, ciruela, granada, ciruela pasa, frambuesa, ruibarbo, fresa, mandarina, melón, sandía.

Bebe muchos zumos de frutas. Si tus medios te lo permiten, cómprate una licuadora eléctrica. Puedes meter en ella verduras y con solo apretar un botón tendrás un nutritivo y delicioso zumo.

Los que tienen jardín deberían cultivar todas las frutas y verduras posibles —utilizando un invernadero para cultivar plantas fuera de estación—.

Come menos alimentos feculentos que atascan el sistema y más frutas y verduras naturales. Come muchas plantas verdes, pues están llenas de vitaminas.

Sigue este consejo y pronto te sentirás con más energía. Y si eres obeso, de ese modo comenzarás a corregir su gordura.

LA OBESIDAD NO ES COSA DE RISA

Cuando el cuerpo engorda, se nota enseguida. Se forman feos pliegues en la cintura, en las caderas y en el cuello. Cualquier esfuerzo atlético se hace imposible —un gordo corriendo detrás del gato—. Para la persona delgada, los gordos son como bufones de comedia, ¡pero a ellos no les resulta divertido!

La obesidad favorece y provoca numerosos trastornos y enfermedades. El peso de más supone un mayor esfuerzo para el corazón y para los órganos internos.

Las personas gruesas están predispuestas a padecer enfermedades del hígado, de los riñones y del corazón, diabetes, gota, hipertensión y molestias digestivas. Las estadísticas de mortandad demuestran que la obesidad acorta la esperanza de vida, hecho bien sabido por las compañías de seguros

La principal causa de la obesidad es comer más de lo que el cuerpo consume con el ejercicio. El problema consiste en un exceso de hidratos de carbono y una falta de ejercicio. Como las personas obesas se cansan pronto, hacen poco ejercicio y, como hacen poco ejercicio, engordan más.

Una vez hecho el daño, para normalizar el peso se requiere una gran determinación. En lugar de molestarse en ponerse a dieta, las personas corpulentas se dejan convencer por los anuncios de píldoras o cremas adelgazantes o de aparatos para dar masaje. Solo hay un medio eficaz de reducir el peso.

No importa la edad, ni el sexo, ni la raza, el tratamiento sigue siendo el mismo: menos calorías, más ejercicio.

Es obvio, y todos deberían saberlo, que resulta peligroso perder peso siguiendo una dieta que no alimenta al cuerpo lo suficiente. No siga ningún régimen que carezca de vitaminas, minerales y aminoácidos.

Alimentos que los obesos deben evitar: Mermeladas, jarabes, dulces, chocolate, pasteles y postres dulces, bollos y tartas, galletas, comidas grasas, *bacon*, tocino, alimentos feculentos y fritos, pan blanco, azúcar...

Alimentos que pueden tomar en pequeñas cantidades: Sopa clara, leche desnatada, mantequilla, yogur, leche de manteca, margarina, queso, pan integral.

Alimentos que puedan tomar libremente: Carnes frescas, zumos de frutas, huevos cocidos, pasados por agua o escalfados, té y café sin azúcar.

Un menú típico podría ser:

- Desayuno. Tostada ligeramente untada de margarina de aceite vegetal. Huevo cocido, pasado por agua o escalfado. Café o té sin azúcar o zumo de frutas.

- Comida. Carne magra o pescado hervido. Una taza pequeña de sopa clara. Verduras. Fruta. Un vaso de leche desnatada, leche de manteca o yogur.

— Cena. Parecida a la comida.

Perder de un kilo a kilo y medio por semana es suficiente. Pésate siempre sin ropa o con la misma ropa y a la misma hora del día.

Haz algo de ejercicio diariamente. Yo aconsejo el yoga, que no resulta agotador y, sin embargo, suprime el tejido adiposo y vuelve firmes y ágiles los músculos.

Una vez terminado el período de régimen para adelgazar, no vuelvas a tus anteriores hábitos de comer en exceso y de elegir mal los alimentos.

LA DELGADEZ

Se dice que el poeta romano Filoto era tan delgado que tenía que llevar unos pesos atados a los pies para que no se lo llevara el aire. Sea o no verdad esta historia, lo cierto es que los delgados se sienten tan turbados por su condición como los obesos.

Un tratamiento contrario al de la obesidad suele dar buenos resultados. Los cambios en la dieta deben hacerse lentamente. Hay que añadir además un almuerzo y una merienda. También se tomará un tentempié ligero al irse a acostar. Hay que beber mucha leche.

También el ejercicio puede ayudar a engordar, al estimular el apetito y desarrollar los músculos. Los músculos más desarrollados serán los grandes, como los de las piernas y espalda.

Un menú típico para los delgados puede ser:

- Desayuno. Sopas de leche o cereales con leche y azúcar o miel. Huevo. Tostada o pan sin tostar con mucha mantequilla.

- A media mañana. Un vaso de leche con galletas.

- Comida. Sopa espesa, carne, pan, mantequilla y queso, postre de leche y dos vasos de leche.

– Merienda. Batido o ponche de huevo.

– Cena. Patatas, guisantes, carne, fruta y verduras.

Al irse a acostar, una taza de leche malteada con galletas, por ejemplo.

No sentirá uno sensación de comer demasiado aunque sí se tomen más calorías. El peso que se gana comiendo en exceso puede transformarse en una insana capa de grasa y no en un aumento del tejido muscular.

Indigestión

La tensión nerviosa dificulta el paso de los jugos gástricos al estómago y provoca una indigestión. Cuando uno se halla en tensión es preferible evitar las comidas abundantes. Una tensión y un desgaste nervioso continuados quizá desarrollen una úlcera y molestias intestinales.

Masticar bien es necesario en el proceso digestivo, y no hay que hacerlo deprisa o de cualquier manera. Esto es sobre todo aplicable a las féculas, que requieren la acción de la saliva y de la masticación como primer paso en el proceso de su digestión.

Los dispépticos deben evitar los alimentos fritos, la repostería, las especias y los alimentos que contengan gran cantidad de grasa.

Tienen que beber mucha agua, pero tomar con moderación té, café y alcohol. Deben evitar las comidas copiosas. Tienen que darle a su estómago la oportunidad de hacer bien su trabajo.

Un trastorno de la civilización

La prevalencia del estreñimiento está causada principalmente por la desvitalización y poco desperdicio de la dieta moderna. Se puede tratar incluyendo en la dieta alimentos que contengan un alto porcentaje de desperdicio, como el pan moreno, salvado, frutos secos, frutas frescas, cebollas, col, lechuga, espinacas y cereales.

Otra causa de estreñimiento es no formar hábitos regulares de eliminación. Cuando los residuos alcanzan el recto, se produce un deseo de defecar. Los animales no pierden tiempo en satisfacer la exigencia de su cuerpo; El hombre civilizado suele hacer caso omiso a la llamada de la naturaleza.

Cuando esto ocurre, las heces retornan al colon, secas y duras. El colon, taponado con las heces no defecadas, se convierte en un foco de veneno para todo el sistema.

Habitúese a ir al retrete todos los días a la misma hora. Cuerpo y mente cooperarán en hacer lo que se les pide.

Las ocupaciones sedentarias y la falta de ejercicio son otra causa de estreñimiento. Debe hacerse en casa ejercicios que cuiden de la región abdominal.

Hay una forma de control muscular basada en los ejercicios de Ignacio de Loyola, la retracción abdominal, que no tiene igual en este aspecto.

La irrigación del colon solo es justificable en casos extremos, pero no debe convertirse en costumbre.

Las vitaminas

Las vitaminas son sustancias químicas que se encuentran en los alimentos.

El cuerpo humano necesita una pequeñísima cantidad, pero si estas no existen, se dificultan los procesos corporales y se producen enfermedades.

Vitamina A

Es una sustancia presente en las grasas animales y en las verduras. La cantidad que se encuentra en las verduras se halla en proporción con lo verdes que sean. El berro, por ejemplo, contiene más de esta vitamina que la col.

La vitamina A mejora la visión y la resistencia del cuerpo a la enfermedad.

Alimentos ricos en vitamina A: Aceites de hígado de pescados, riñones, huevos, leche, mantequilla, zanahorias, espinacas, albaricoques, tomates, berros, repollo, guisantes, patatas o papas.

Vitamina B

No se trata de una vitamina, sino de una mezcla de varios nutrientes, de los cuales los principales son la vitamina B, la riboflavina y el ácido nicotínico. Si la dieta es rica en estas sustancias, se obtendrá una cantidad suficiente de las demás vitaminas que constituyen el grupo B.

A esta vitamina también se le llama aneurina o tiamina. Fue al investigar las causas del beriberi en el Lejano Oriente a finales del siglo xix cuando se descubrió esta vitamina. Se observó que la enfermedad aparecía en zonas en las que el arroz constituía el grueso de la dieta. El arroz había perdido la vitamina B, en el proceso de separarlo del salvado.

La vitamina B ayuda al crecimiento, favorece la digestión y mantiene sano el sistema nervioso.

Se encuentra en pan moreno, tocino o *bacon*, hígado, riñones, cerdo, cordero, huevos.

La vitamina B2 o riboflavina es la vitamina del «buen aspecto». Mantiene sanas la complexión, los ojos y los tejidos nerviosos. Da vigor.

Alimentos ricos en riboflavina: Levadura, hígado, queso, leche, yogur, huevos, pan integral…

Niacina o ácido nicotínico

Igual que la falta de tiamina en la dieta provoca el beriberi, la ausencia de niacina causa la pelagra. La niacina mantiene la piel saludable, mantiene la piel saludable y ayuda al correcto funcionamiento de corazón, nervios, músculos y sistema digestivo.

Alimentos ricos en niacina: Levadura, carne, hígado, riñones, pescado, pan moreno, germen de trigo, leche, yogur, queso.

Vitamina C o ácido ascórbico

Las mejores fuentes de vitamina C son la fruta fresca y las verduras. Los cereales y productos animales producen poco o nada de esta vitamina.

La vitamina C mantiene sanos los dientes y las encías, ayuda en la cicatrización de las heridas y protege contra el escorbuto.

Una deficiencia en la dieta se manifiesta por cansancio, nerviosismo, tendencia a las moraduras y anemia.

Alimentos ricos en vitamina C: Fruta fresca, como limones, pomelos, naranjas, etc., y verduras, como repollo, espinacas, lechuga, patatas o papas y nabos.

Vitamina D

Una deficiencia de esta vitamina en la dieta produce un reblandecimiento de los huesos y una degeneración de los dientes, así como raquitismo y osteomalacia.

El cuerpo puede obtener la vitamina D de una fuente que no es precisamente es alimento; en contacto con luz ultravioleta, la gente que recibe mucho sol necesita menos vitamina D en su dieta.

Alimentos ricos en vitamina D: Aceite de hígado de bacalao, huevos, pescado, mantequilla, leche, yogur, queso.

LIMPIEZA RÁPIDA

A no ser que hayas seguido una dieta racional como la descrita a grandes rasgos en este capítulo, tu cuerpo precisará una buena limpieza a fondo.

No necesitas esperar a la primavera para hacer limpieza. Puedes empezar inmediatamente, sea la estación que sea.

Durante un día entero —dos o tres serían incluso mejor si tienes fuerza de voluntad para ello—, no tomes nada más que fruta, zumos de fruta y agua. Tu agotado sistema digestivo obtendrá un bien merecido descanso y el cuerpo tendrá ocasión de librarse de muchas sustancias tóxicas. Esta breve «limpieza de primavera» deberá repetirse tres o cuatro veces al año.

¡Empieza ahora mismo! Este será un paso más en tus cuidados del cuerpo; si tratas bien a tu cuerpo, este le recompensará con un servicio más eficiente.

Tómate uno, dos o tres días para limpiar rápidamente y a fondo el cuerpo, luego comienza el régimen que se recomienda en este capítulo.

En cuestión de semanas, tus amigos comentarán tu mayor vitalidad y apariencia más juvenil. Tú sentirás esa ligereza y actividad que son claro reflejo de una buena salud.

LAS FUERZAS VIVAS DEL PENSAMIENTO

No hay un solo lector de este libro que no haya sentido la influencia de la mente sobre las funciones del cuerpo.

Es uno de los misterios de la vida, que algo tan intangible como el pensamiento pueda desencadenar toda una serie de reacciones fisiológicas. El pensar en un examen, en una entrevista importante o en ir al dentista puede tensar los músculos, «helar» la sangre y dejar la boca seca. Una palabra poco amable de una muchacha probablemente detenga los jugos gástricos en el estómago de un joven.

¡Los pensamientos pueden incluso provocar la muerte! Hay muchos casos en la historia de personas que profetizan la fecha y hora exacta de su muerte.

Lo que ocurre es que están tan convencidos de morir en ese momento particular que realmente se dan muerte con el pensamiento.

El pensamiento en este sentido es una fuerza viva, y lo mismo que se elige la compañía humana con cuidado, así hay que mostrar juicio y buen sentido en la elección de los pensamientos. Una cita de masona me viene a la mente:

En general, es para el hombre de la máxima importancia cuidar de los pensamientos que alimenta y de la compañía de que se rodea; pues tienen el mismo efecto en la mente.

Los malos pensamientos son tan perniciosos como las malas compañías, y los buenos pensamientos instruyen, solazan y entretienen la mente igual que la buen compañía.

El arte de vivir relajadamente depende tanto de lo que se piensa como de lo que se hace.

El poder de las emociones

En realidad, no es estrictamente correcto atribuir a los pensamientos semejante poder, pues estos en sí serían perfectamente inocuos si no fuera por la fuerza que tienen detrás de sí.

Los sentimientos cuentan más que el intelecto, pero es este último el que desarrollamos y disciplinamos en los colegios, institutos y universidades.

Una persona puede tener una mente brillante, pero carecer totalmente de disciplina emocional o de madurez. He oído de un profesor eminente que coge rabietas infantiles en cuanto no se hace lo que quiere en cuestiones domésticas triviales.

Los sentimientos cuentan más que los pensamientos. No puede llevarse una vida relajada sin control de las emociones.

El paso más importante en el dominio de las emociones es darse plenamente cuenta de la necesidad de dominarlas y del perjuicio que resulta de la falta de control.

Las emociones causan cambios fisiológicos en el cuerpo. Bajo la influencia de sentimientos como el miedo o la ira, un hombre puede realizar cosas que normalmente le resultarían imposibles. ¡Quién sabe cuántas veces han superado el récord de los 100 metros lisos personas sin entrenar perseguidas por un toro bravo o por cierto policía!

Los test científicos han demostrado que las emociones «negras» —miedo, odio, cólera, envidia, etc.— envenenan realmente la sangre, aparte del perjuicio moral que puedan causar.

Por el contrario, las emociones brillantes —amor, alegría, esperanza, etc.— no solo le hacen a uno sentirse bien, sino que realmente benefician físicamente, purifican y relajan.

Ser feliz es algo natural. La naturaleza quiere que estemos contentos, que seamos valientes y optimistas. Si no es así, ¿por qué esas emociones positivas mantienen el cuerpo y la mente funcionando con saludable armonía, mientras que las emociones negras producen un efecto desintegrador?

No puede haber salud ni éxito para quienes tienen poco control sobre sus emociones, pues las reglas de la vida civilizada prohíben la demostración de sentimientos desatados. Si tu control emocional es pobre, estás sometido a una grave tensión.

No embotelles tu energía

Cuando te encuentras enfadado, tu sistema nervioso autónomo moviliza a todo el cuerpo en la lucha. Se activan las glándulas adrenales y tiroides. La adrenalina que se vierte en la sangre produce una aceleración de la circulación, de forma que el corazón late furiosamente.

Al mismo tiempo, se respira más rápida y profundamente. Si tienes a su disposición una gran reserva de energía, y se ve obligado a contener los sentimientos, toda esa cantidad de energía se ve obligada a quedar embotellada.

Muchas personas guardan sus sentimientos embotellados como si fueran agua de gaseosa agitada.

He conocido el caso de un muchacho que desarrolló un gran odio por cierta persona a la que tenía que tratar con frecuencia en su trabajo. En lugar de arriesgarse a provocar una escena violenta en esas ocasiones, daba rienda suelta a sus sentimientos previamente.

En una cuerda de tender que tenía a espaldas de su casa colgó una especie de monigote con un inconfundible parecido con el sujeto que odiaba. Aquel maniquí recibía una buena tanda de puñetazos y patadas durante unos minutos hasta que el joven sentía que se le consumía la rabia.

Es mucho mejor controlar las emociones y no dejarse recon-comer por ellas. Pero si sientes un exceso de energía acumulada, gástela en actividad física.

No es que aconseje que se golpee un muñeco, pero sí hacer una marcha o ponerse a cavar en el jardín.

La sublimación

Con frecuencia, la acumulación de energía más peligrosa procede de una represión del impulso sexual. Si se le impide expresarse a esta poderosa fuerza, se puede crear una auténtica perturbación mental al producirse una psiconeurosis.

Afortunadamente, esta poderosa energía puede liberarse por varios cauces socialmente válidos si se le niega su expresión normal por alguna razón. Por ejemplo, la mujer que no conoce el matrimonio o la alegría de la maternidad puede hallar compensación ocupándose de niños en guarderías, enseñando en una escuela o de puericultora.

Esta desviación de la energía sexual por cauces no sexuales la llaman sublimación los psicoanalistas.

La risa relaja

La risa relaja y alivia la tensión. Todos sabemos cómo las más agrias disputas pueden terminar repentinamente si los contendientes ven de pronto el lado cómico de la situación. Se ríen juntos y se convierten en los mejores amigos.

Hay un psiquiatra francés cuyo método de tratamiento consiste en poner discos en un gramófono a sus pacientes. Los discos no son de música, sino de varias personas riendo incontroladamente. El psiquiatra confía en que, al ser contagiosa la risa, los pacientes se unan a las carcajadas, cosa que suelen hacer.

¿Un poco excéntrico? Quizá, pero con ese método se producen curaciones. Es un hecho indiscutible que la risa hace un gran bien, y no solo desde el punto de vista psicológico. Se trata de uno de los ejercicios físicos más convenientes.

Se produce una acción de masaje en los músculos abdominales y en las vías internas. Mejora la digestión y estimula las glándulas que segregan líquidos vitales que enriquecen la sangre.

He visto a personas incapaces de reír. Todo lo más, por un hercúleo esfuerzo de voluntad, tuercen los labios rígidos en una parodia de sonrisa. Uno de ellos me dijo: «De verdad que no me acuerdo de cuándo me reí por última vez. Date cuenta, no puedo recordar haberlo hecho alguna vez».

Ese hombre siempre se encuentra nervioso y en tensión.

Esas personas deberían sonreír tuvieran ganas o no, porque muchas veces, al simular la emoción, se puede engendrar esta.

Ayuda a tus hijos

Un sistema nervioso hipersensible se adquiere con frecuencia en la infancia. La mente plástica del niño está abierta a la sugestión, y se moldea fácilmente con las influencias del entorno.

Una grave tensión nerviosa durante los impresionables años de la infancia quizá deje una huella permanente en la mente.

El nerviosismo es contagioso. Los niños pueden adoptar rasgos nerviosos de sus padres o de sus compañeros de juegos.

Los niños sacan ideas y temores de la conversación de los demás, sobre todo de sus padres. En la siguiente historia, que me refirió un amigo, se puede ver un ejemplo de la falta de sentido común que a este respecto demuestran muchas madres.

En la sala de espera de la consulta de un dentista se encontraba una madre con su hijo de siete años. Al niño tenían que sacarle un diente. No demostraba nerviosismo, sino que miraba muy entretenido las fotos de una revista ilustrada.

Entonces su madre se puso a hablar con una señora que estaba sentada junto a ella. Dio una detallada descripción de los «horrores» de sus experiencias infantiles en el dentista cuando le sacaron una muela.

El niño dejó de hojear la revista. Cuando le llegó el turno de entrar en la consulta, tenía el miedo pintado en los ojitos llenos de lágrimas. Se agarraba con las dos monos al abrigo de la madre y se negaba a moverse. Empujándole sin miramientos hacia la puerta abierta, le dijo enfadada: «Pero ¿qué te pasa ahora? Ya te dije que no tenías por qué preocuparte».

La tensión nerviosa suele generarse en el aula del colegio. Muchos niños se preocupan mucho con sus exámenes, tanto antes de hacerlos como después, mientras esperan a que les den los resultados.

Si bien es cierto que hoy día los profesores no son para sus alumnos aquellos monstruos que infligían castigos en décadas anteriores, sigue habiendo niños sensibles que temen a sus maestros y se preocupan excesivamente con sus estudios.

Por lo general, no tienen capacidad para seguir el ritmo de los niños de su edad porque se convierten en víctimas de un profesor impaciente. Sus deberes les cuestan horas de preocupación. Sus notas bajas hacen descender la media de la clase.

Profesor y padres les dicen una y otra vez que se tienen que concentrar. Tratan de concentrarse, con lo que aumenta su tensión nerviosa. A no ser que sus padres y sus maestros demuestren paciencia, esos niños son unos depresivos en potencia.

No nos es posible dar marcha atrás al reloj del tiempo; no nos es posible reparar el daño que nos hayan podido hacer en la infancia; pero podemos procurar que nuestros hijos crezcan en un hogar libre de preocupaciones, miedo, pesimismo y nerviosismo.

Y si les instruimos en el arte de relajarse unos minutos al día, les habremos enseñado algo que les resultará provechoso para el resto de sus vidas.

VENCE LAS PREOCUPACIONES

La preocupación quizá sea la mayor pérdida de energía a que se halla sometido el hombre civilizado. Trastorna el cuerpo y la mente; disminuye el flujo de jugos gástricos hacia el estómago; los intestinos se contraen y se quita el apetito. Oblígate a comer y tendrás una hermosa indigestión. El flujo de saliva se dificulta tanto que se tiene la boca seca. La preocupación tensa los músculos y los nervios. Impide pensar con claridad y favorece el fracaso. Va minando la salud. Se destruye el buen aspecto y se envejece prematuramente.

No hay necesidad de insistir sobre la inutilidad y lo perjudicial de la inquietud, pues el lector ya lo conoce demasiado bien. Sabemos que cuando nos encontramos preocupados por algo y la gente nos dice, como hacen siempre inevitablemente: «No te preocupes. No te servirá de nada», tienen razón. Pero eso no quiere decir que inmediatamente dejemos de lado nuestra ansiedad.

Recuerdo que, cuando empecé a interesarme por la psicología, me irritaba sobremanera encontrarme con algún artículo en una revista sobre cómo terminar con las preocupaciones, para descubrir al terminar de leerlo que había aprendido lo malas que son las preocupaciones, pero poco o nada sobre cómo evitarlas. Para tratar de no caer en el mismo error, he aquí algunas formas de alejar las preocupaciones y evitar la depresión.

La acción resuelve la mayoría de los problemas. Si te enfrentas con un problema difícil, sopesa los hechos, toma una decisión y luego actúa en un sentido o en otro.

Mantente ocupado y no tendrás tiempo de preocuparte.

Sé de una mujer a quien la suerte no había favorecido precisamente. Perdió a su marido de cáncer y se encontró con una familia de cinco personas a la que cuidar.

Uno de los niños es tullido y ella misma tiene una salud tan precaria que otra en su lugar no se levantaría de la cama.

Y, sin embargo, se mantiene al pie del cañón y siempre está de buen humor. Lo explica diciendo: «Estoy ocupada de la mañana a la noche. No tengo tiempo de preocuparme por la situación». Desde luego, si se tiene tiempo, las preocupaciones no tardarán en aparecer y en dominar la escena.

Piensa en quienes tienen problemas mayores que los tuyos. Tienes la seguridad de conocer a personas cuyas preocupaciones hacen que las tuyas, a su lado, sean insignificantes. Distrae la atención de tus problemas pensando en los de los demás.

Piensa en tu pequeño sitio dentro del universo y tus problemas no te parecerán tan graves. El que siempre anda preocupado por algo, lo mejor que puede hacer es adoptar el *hobby* de la astronomía.

Cuando se observa la inmensidad del universo en el que uno no es sino una parte infinitesimal, se aprende a ser humilde y se adquiere una visión filosófica de los problemas de la vida sin exagerar su importancia.

Mírate como te vería un extraño. Considérate a ti mismo y tus problemas objetivamente. El hombre es el único animal capaz de estudiarse a sí mismo. Utiliza ese poder.

Te darás cuenta de que sucesos que en tu tiempo te parecieron catastróficos, parecen naderías cuando ya han pasado. Trata entonces de ver los problemas actuales como si pertenecieran al pasado y no al presente. Se trata de una astucia mental, pero puede tener sus ventajas.

Habla con alguien de tus problemas, aunque solo sea con su perro. Hablar de ellos alivia.

La preocupación más sin sentido es la que se refiere a algo terminado y pasado. No se puede recuperar ni un solo minuto del pasado. No te aferres a cosas pasadas. Es mejor pensar en el presente o en el futuro.

Ten la seguridad de que sentirte deprimido es algo meramente temporal. Todo el mundo se siente así en un momento dado. Puede ser a causa de alguna desgracia, pero con frecuencia se debe solo a algún insulto a nuestro amor propio o quizá a una reacción ante un tiempo climatológico opresivo.

Cuando te sientas deprimido, dite: «Esto es algo pasajero. Con toda seguridad desaparecerá, así que, ¿por qué hacerle caso? Lo ignoraré».

Y, al no hacer caso de ello, desaparecerá antes. La depresión está deseando que alguien le preste atención; si no se le hace caso, se aburre y se va a otro sitio.

Relájate al menos una vez al día y domina el arte de una vida relajada.

Las enseñanzas de este libro serán de valor para erradicar las preocupaciones. Un cuerpo relajado significa una mente serena.

Es esta una ley que puede ser de gran utilidad para controlar los estados de ánimo y las emociones.

Así como las emociones producen su correspondiente reacción corporal, así la condición del cuerpo, si se crea esta en primer lugar, tenderá a producir su emoción complementaria.

Cuando nos hallamos enfadados, empezamos a respirar más aceleradamente, se contraen los músculos, se aprietan los puños y las mandíbulas se cuadran con determinación. Aunque no te sientas enfadado en absoluto, si pones tu cuerpo en el estado antes descrito, pronto sentirás crecer esa emoción.

San Ignacio de Loyola nos dice:

> Si queremos dominar tendencias emocionales indeseables, lo primero que hemos de hacer, a sangre fría y con asiduidad, es realizar los movimientos externos correspondientes a las disposiciones contrarias que preferimos cultivar.

> Invariablemente, tendremos la recompensa de nuestra persistencia, al desvanecerse el enfado o la depresión y producirse en su lugar un auténtico contento y buen humor. Desarrugue el entrecejo, dé luminosidad a su mirada, contraiga la parte dorsal y no la ventral del cuerpo y hable en una escala más alta.

Podemos valernos de esta norma para erradicar la depresión. La próxima vez que te sientas deprimido, prueba a realizar este sencillo ejercicio. Estira los labios horizontalmente para enseñar los dientes. ¿Estás sonriendo? Exactamente. Sonríe no solo con los labios, sino también con los ojos. Sonríe realmente con todo tu ser. En menos de un minuto sentirás cómo cambia tu humor y te pones contento.

Para lograr mejores resultados, mírate en un espejo cuando hagas este ejercicio.

Las técnicas del Ignacio de Loyola para inducir sentimientos de serenidad se basan en el principio descrito a través de la postura y del control de la respiración, los practicantes crean las manifestaciones físicas de la tranquilidad, que a su vez desencadenan el sentimiento en sí.

Mantén un entorno sano y pacífico. Podemos tener poco control o ninguno sobre nuestro entorno diario, pero hay un lugar en el que pasamos gran parte de la vida y que sí podemos modelar según nuestros requerimientos.

Me refiero, naturalmente, a nuestro hogar.

Quizá te parezca imposible que el color de una habitación pueda ejercer una gran influencia sobre las emociones y las vidas de sus habitantes y, sin embargo, así es.

Los colores como el azul y el verde relajan y favorecen la paz de espíritu. El rojo tiene un efecto contrario. Se ha demostrado que quienes trabajan en una habitación roja tienen tendencia a pelearse y a mostrarse irritables, pero trabajan en armonía en una habitación verde o azul.

Llena tu casa de cosas bonitas. Cuelga cuadros relajantes en las paredes. Unas cuantas flores producirán un ambiente más alegre.

Si trabajas y vives en una ciudad, siempre que te sea posible vete al borde del mar o al campo.

El cambio de aires y de paisaje te refrescarán y relajarán. Observa que los colores dominantes en la naturaleza son los verdes y los azules, los más calmantes para la vista.

Evita las situaciones que puedan provocar preocupaciones. El hielo es peligroso para los patinadores. Muchas personas, procurando una diversión emocionante o agradable, se colocan en situaciones que saben que pueden suponerles un trastorno. Es mejor tener el valor moral de resistir la tentación.

Cuida tu salud. El cuerpo y la mente se hallan inseparablemente unidos. Las personas con agotamiento nervioso minan su salud con las preocupaciones. Su mala salud les produce una mayor preocupación; así se establece un círculo vicioso.

La preocupación es una mala hierba que crece en el terreno abonado de la mala salud. Elimina ese terreno y la mala hierba no echará raíz. La salud produce armonía en el cuerpo y en la mente, una armonía difícil de romper.

PAUSAS DE DESCANSO

La investigación de los psicólogos industriales ha demostrado que es posible incrementar la productividad de una fábrica si se concede a los empleados breves períodos de descanso en las horas de trabajo.

Demasiado descanso reduce la productividad de un trabajador igual que un exceso de trabajo, pero con estas pausas de descanso puede sacudirse el cansancio que se va acumulando y remprender el trabajo con mayor ánimo y energía.

Algunas personas trabajan durante horas y horas sin permitirse un momento de respiro, incluso en duros trabajos.

Les parece que un descanso de unos cuantos segundos sería muestra de pereza. Por eso se afanan febrilmente, con la idea equivocada de que producen más que el hombre que, sensatamente, se concede breves descansos.

Unos momentos de relajación adecuadamente repartidos en nuestras vidas cotidianas dan lugar a una mayor eficiencia y productividad.

Pruébalo la próxima vez que estés cavando en el jardín. Cava lenta, rítmica y eficientemente, sin desperdiciar en vano tu energía. Si una mala hierba se resiste tenazmente a que la arranquen del suelo, no te empeñes en un feroz asalto con la azada.

Quítala tranquilamente, sin esfuerzos exagerados, aun cuando en la operación tardes unos segundos más de lo que te parezca necesario para una planta como esa. Cada pocos minutos, endereza la espalda, relaja todos los músculos, apoya ligeramente una mano en el mango de la azada y, en pie, mira apreciativamente tu trabajo. Si lo que ves te gusta, tanto mejor.

Cuando tu trabajo esté a medio terminar, deja a un lado todas las herramientas y siéntate. Fuma una pipa si lo deseas. No des vueltas en tu conciencia a que estás perdiendo el tiempo.

Los minutos que pases descansando los recuperarás con creces más tarde cuando reanudes el trabajo más fresco y dispuesto a completar el resto del mismo. Y qué alivio si a la mañana siguiente no se enfrenta a la vida con agujetas y con rigidez de espalda y hombros.

El número y duración de las pausas de descanso dependen del individuo. Cuanto mayor sea la tensión nerviosa y la pérdida de energía, tanto más frecuentes deberán ser los períodos de relajación.

Para el trabajador de la ciudad, de salud normal y hábitos moderados, bastará con un descanso de calidad al día. Este descanso es mejor tomarlo antes o después de la comida más pesada del día y en las mejores circunstancias posibles, es decir, tumbado en una habitación tranquila y cómoda. Esto no significa, sin embargo, que el resto del día haya que pasarlo malgastando energías.

Un período de relajación al día será suficiente solo en el caso de que las horas restantes se inviertan prudentemente, reduciendo a un mínimo el desperdicio de energía y aprovechando todas las oportunidades para pausas de descanso; por ejemplo, mientras se viaja en tren, en autobús, etc.

Esta cuestión de. descanso de calidad es de la mayor importancia. Hay una gran diferencia entre breves respiros de descanso
tomados en varios momentos del día y un período de completa
relajación tomado en las mejores circunstancias para producir un
descanso perfecto.

Otra cosa importante que recordar es que la duración del
tiempo empleado en la relajación no es tan importante como la
calidad de la relajación.

Citas bíblicas. Danza

Cantad a Señor un cántico nuevo (Sal 149, 3).

Alabad su nombre con danzas, tañendo para él cítaras; porque el Señor ama a su pueblo y corona con su victoria a los oprimidos.

María, la profetisa, hermana de Arón, tomó su pandero en la mano, y todas las mujeres salieron detrás de ella con panderos a danzar (Ex 15, 20).

Todo Israel acompañaba al arca de la alianza del Señor entre aclamaciones, al son de cuernos, trompetas y platillos y tocando arpas y cítaras.

Cuando el arca de la alianza del Señor entraba en la ciudad de David, Mical, hija de Saúl, estaba mirando por la ventana, y al ver al rey David haciendo cabriolas y bailando lo despreció en su interior (1 Cro 28-29).

> Mi corazón está firme, oh, Dios,
> mi corazón está firme;
> cantaré y tañeré.
> ¡Despierta, honor mío!
> ¡Despertad, cítara y arpa!
> Despertaré a la aurora.
> Te daré gracias ante los pueblos, Señor,
> tañeré para ti ante las naciones (Sal 57, 8-10).

Nuevo Testamento

Llegó la oportunidad cuando, para su cumpleaños, Herodes ofreció un banquete a sus dignatarios, a sus comandantes y a la gente principal de Galilea.

Entró la hija de Herodías, bailó y gustó a Herodes y a los convidados y dijo a la muchacha: «Pídeme lo que quieras. Que te lo daré» (Mc 6, 21-22).

Este pueblo me honra con los labios, pero su corazón está lejos de mí; el culto que dan es inútil, pues la doctrina que enseñan son preceptos humanos (Mt 15, 8-9).

La danza espiritual cristiana es una visita con Jesús, con el mismísimo Dios.

En meditación de las oraciones; siempre de la Iglesia, el Espíritu Santo, sin fuerza alguna, flexibiliza tus articulaciones y te hace vivir la santidad en la vida cotidiana.

Índice

Los fieles laicos 11

La vocación de los laicos 13

La participación de los laicos en la misión de Cristo 15

Su participación en la misión profética de Cristo 17

Su participación en la misión real de Cristo 19

Oraciones de siempre para la relajación y la meditación ... 21

Los dones del Espíritu Santo 27

El entendimiento: reconocer el plan de amor de Dios 31

El consejo: la voz del Espíritu nos orienta en el camino .. 33

La fortaleza: nos sostiene en la debilidad 37

La ciencia: captar la grandeza y el amor de Dios 41

La piedad: vivir como hijos de Dios 45

El temor de Dios: una llamada de atención 47

Redescubrir tu cuerpo 49

Adaptarse al mundo exterior 51

Crear una consciencia positiva 53

La tensión 55

Agotamiento nervioso 57

Contra el estrés 59

Comprobación de la pérdida de energía 61

Pérdidas de energía 65

Concentración en la respiración rítmica 87

Sueño de calidad 99

¿Cuántas horas? 101

Duerme bien 103

Comida sana 107

Alimentos naturales 109

Sustancias nutritivas 111

La obesidad no es cosa de risa 113

La delgadez... 117

Indigestión 119

Un trastorno de la civilización 121

Las vitaminas.. 123

Limpieza rápida.. 127

Las fuerzas vivas del pensamiento 129

El poder de las emociones................................. 131

No embotelles tu energía 133

La sublimación 135

La risa relaja 137

Ayuda a tus hijos 139

Vence las preocupaciones................................... 141

Pausas de descanso... 147

Citas bíblicas. Danza 151

Nuevo Testamento.. 153